Inhalt

Wie heißen diese Gemälde?

Das sind Titel von Gemälden:

1. Im Sonnenblumenfeld
2. Rote Rosen am Fenster
3. Eselmutter mit Fohlen
4. Mann mit Sonnenbrille
5. Wilde Pferde im Sonnenuntergang
6. Sonnenuntergang in den Bergen
7. Die einsame Rose
8. Unterwegs mit der Pferdekutsche
9. Wehendes Haar im Sonnenuntergang
10. Kutschfahrt mit einem Esel
11. Zwei kleine Eselchen
12. Sonnenuntergang über dem Meer

Welcher Titel gehört zu welchem Gemälde? Schreibe die Nummer des Titels in das Kästchen unter das passende Bild.

Wörterschlangen

Arbeite mit Bleistift, dann kannst du Fehler verbessern.

1 **In jeder Schlange verstecken sich Wörter. Kreise sie ein.**

2 **Notiere den übrig gebliebenen Buchstaben am Ende jeder Zeile. So erhältst du ein Lösungswort.**

GUMMIGKREISBLUSEPFLAUMEKRONE ______

STORCHZWIEBELUTREPPEGLASKNOPF ______

TBRILLESCHIFFIGELKOPFSPATZHALS ______

KNIESPIEGELNACHTZWISCHENGESSEN ______

KAUENFLASCHEKNOCHENESCHWACHTOR ______

STRICKENWESTEVORWÄRTSMENGOFT ______

MARMELADEKLASSELANGASCHAFADER ______

ROLLSTUHLCKÜRBISTRAKTORVULKANICH ______

SOFAROSINESCHREIBMASCHINEHTOMATE ______

BUTTERPOLIZEIFÜHLENTBANANETOPFPIZZA ______

Wovon sprechen diese Kinder?

Ordne die Nummern den passenden Aussagen zu.

Ferien 1

Geburtstag 2

Ostern 3

Sportfest 4

Fasching 5

Weihnachten 6

Am Sonntag bin ich schon ganz früh aufgestanden und in den Garten gelaufen. Unter einem Strauch fand ich ein Nest voller bunter Eier.

____

In der Klasse durften wir uns verkleiden. Mein Freund und ich hatten ganz ähnliche Hüte auf. Wir sangen lustige Lieder und warfen Luftschlangen.

____

Gestern habe ich ein neues Fahrrad bekommen. Nachmittags durfte ich dann meine besten Freunde einladen. Meine Mutter backte meinen Lieblingskuchen.

____

Jeden Tag kann ich ausschlafen und muss keine Hausübung machen. Meistens fahren wir für zwei Wochen zur Oma.

____

Am schönsten finde ich es, wenn am Baum die Lichter brennen und draußen alles verschneit ist.

____

Beim Laufen bin ich Klassenbester. Ich habe schon zwei Ehrenurkunden erhalten.

____

Sommerfest im Aubachpark

Samstag, 11. Juli
10.00 – 14.00 Uhr

Für Kinder und Erwachsene

ein Riesenspaß!

- Dosenwerfen
- Schminkstand
- Hüpfburg
- Stelzenlauf
- Einrad fahren
- Wetthäkeln
- Malwand
- Kletterwand
- Tauziehen
- Kuchenstand
- Getränkestand
- Grillstand

Der Eintritt kostet für Kinder 3 €.
Erwachsene bezahlen das Doppelte.

1 Wie viele Stunden dauert das Sommerfest? ____________________

2 Was wird an den einzelnen Ständen angeboten? Verbinde.

ziehen	fahren	häkeln	schminken

klettern	werfen	hüpfen	malen

3 Welcher Wettbewerb wird bei Aufgabe 2 nicht genannt?

____

4 Was kostet der Eintritt für Erwachsene? ____________

5 Wie heißen die Stände, die für das leibliche Wohl sorgen?

____

____

____

Welches Tier ist es?

Es ist ein wirklich tolles Tier.
Beine hat es – zwei, wie wir.

Im Zoo hüpft es oft hin und her.
Das Klettern fällt ihm gar nicht schwer.

Das wilde Tier, das kommt von fern.
Bananen hat's zum Fressen gern.

Von welchem Wesen sprech ich nur?
Schau auf die Silben an der Schnur.

Da findest du drei von der Sorte;
so mache daraus ganze Worte.

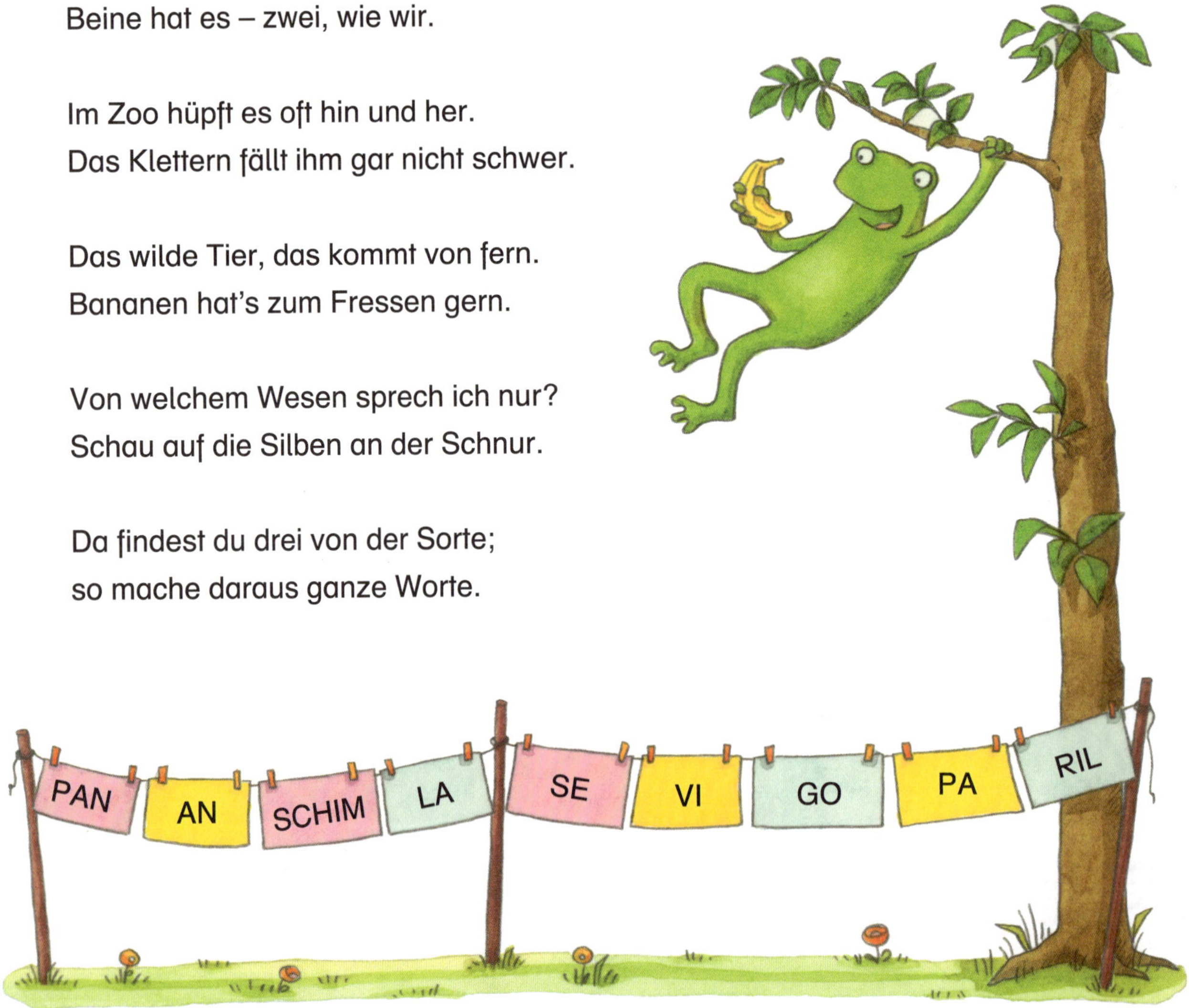

1 **Das gesuchte Tier ist ein** ____________________.

2 **Die drei Arten des Tieres heißen:**

____________________ ____________________ ____________________

Liebe Oma,

gestern Nachmittag hat unsere ______________________ Minka fünf Junge zur Welt gebracht! Da wir in der ______________________ gerade über Haustiere sprechen, lernen wir eine Menge über diese Tiere. Weißt du, dass die neugeborenen Kätzchen blind und taub zur ______________________ kommen? Etwa am zehnten Tag öffnen sie ihre ______________________ und beginnen zu hören.

Sie sind nur etwa 10 bis 15 cm ______________________. Sofort nach der Geburt suchen sie bei ihrer Mutter nach den Zitzen und ______________________ sich satt. Minka leckt nach jeder Mahlzeit die kleinen Bäuche ihrer Kinder. Dadurch wird die Verdauung angeregt. Anschließend ______________________ sich alle eng aneinander und schlafen. Unsere Lehrerin sagt, dass man sie dabei nicht stören darf. Katzen sind Säugetiere und die wachsen nämlich im Schlaf. In etwa vier ______________________ werden unsere Kätzchen schon im Haus herumtollen! Darauf freue ich mich. Ich werde dir weiter über unsere kleine Katzenfamilie berichten.

Ganz liebe Grüße von deiner Julia

Schreibe die passenden Wörter in die Lücken.

kuscheln	groß	Welt	Katze	Augen	trinken	Schule	Wochen

Waldheim, den 17. 7. 2014

Verschwunden!

Wer hat unser Kaninchen Mucki gefunden?

Mucki ist seit gestern aus seinem Freigehege
in der Gartenstraße 5 verschwunden.
Er hat ein braunes, ganz weiches Fell.
Sein Bauch ist weiß. Auf der Stirn ist ein runder,
schwarzer Fleck.
Beide Ohren sind an den Spitzen weiß.
Die rechte Hinterpfote ist schwarz.
Mucki ist noch sehr klein. Er ist erst fünf Monate alt.

Wer ihn findet, meldet sich bitte bei:

Lukas Bronner
Tel: 0 80 55 / 23 40

Für den Finder gibt es eine Belohnung!

1 **Welches Tier wird vermisst?**

☐ ein Meerschweinchen ☐ ein Hase ☐ ein Kaninchen

2 **Seit wann ist Mucki verschwunden?**

☐ seit heute ☐ seit morgen ☐ seit gestern ☐ seit vorgestern

3 **In welcher Jahreszeit ist Mucki verschwunden?** ____________________

4 **Wo wohnt Mucki?**

Straße: ______________________________

Ort: ______________________________

5 **Wie alt ist Mucki?**

☐ drei Monate ☐ vier Monate ☐ fünf Monate

6 **Welchen Nachnamen hat Muckis Besitzer?** ____________________

7 **Was hat welche Farbe? Verbinde.**

Fell	weiß
Bauch	braun
Stirnfleck	grau
Ohrenspitzen	schwarz
Hinterpfote	

Die Bremer Stadtmusikanten

Ein alter Esel, der seinem Herrn viele Jahre treu gedient hatte und zu nichts mehr nütze war, machte sich auf den gWe nach Bremen. „Dort werde ich Stadtmusikant", dachte er bei sich.

Nach einer Weile begegneten ihm ein alter nudH, eine alte Katze und ein alter Hahn. „Lasst uns zusammen nach Bremen andewrn und dort Stadtmusikanten werden!", schlug der elsE vor.
Und da allen der Vorschlag gefiel, marschierten die Tiere los.

Abends erreichten sie einen ladW. Müde flog der Hahn auf die Spitze eines hohen Baumes, als er einen eiSchn bemerkte.
Er rief: „Nicht weit von hier brennt ein Licht!" Da sprach der Hund:
„Ja, etwas eischFl und ein Knochen kämen mir gerade recht."

Und so folgten sie dem Lichtschein, bis sie vor einem llhe erleuchteten Räuberhaus standen. Der Esel schaute durch das enFster hinein.
„Ich sehe einen sTich voll mit köstlichen Speisen.
Räuber lassen es sich schmecken!" Da sprang der nuHd auf des Esels Rücken. Die atzKe kletterte auf den Hund und der Hahn flog auf ihren Kopf. Gemeinsam machten sie lautstark Misuk:
Der Esel schrie, der Hund bellte, die Katze miaute und der Hahn krähte aus Leibeskräften.

Zusammen stürzten sich die vier Tiere in die Stube. Die Räuber flohen eilig.
Die Tiere aber blieben im aHus bis an ihr Lebensende.

(nach den Brüdern Grimm

Schreibe die Wörter mit den verdrehten Buchstaben richtig auf die Linien.

Ein alter Esel, der seinem Herrn viele Jahre treu gedient hatte

und zu nichts mehr nütze war, machte sich auf den ________________

nach Bremen. „Dort werde ich Stadtmusikant“, dachte er bei sich.

Nach einer Weile begegneten ihm ein alter ________________, eine alte Katze

und ein alter Hahn. „Lasst uns zusammen nach Bremen ________________

und dort Stadtmusikanten werden!“, schlug der ________________ vor.

Und da allen der Vorschlag gefiel, marschierten die Tiere los.

Abends erreichten sie einen ________________. Müde flog der Hahn

auf die Spitze eines hohen Baumes, als er einen ________________ bemerkte.

Er rief: „Nicht weit von hier brennt ein Licht!“ Da sprach der Hund:

„Ja, etwas ________________ und ein Knochen kämen mir gerade recht.“

Und so folgten sie dem Lichtschein, bis sie vor einem __________ erleuchteten

Räuberhaus standen. Der Esel schaute durch das ________________ hinein.

„Ich sehe einen ________________ voll mit köstlichen Speisen.

Räuber lassen es sich schmecken!“ Da sprang der ________________ auf

des Esels Rücken. Die ________________ kletterte auf den Hund und der Hahn

flog auf ihren Kopf. Gemeinsam machten sie lautstark ________________:

Der Esel schrie, der Hund bellte, die Katze miaute und der Hahn

krähte aus Leibeskräften.

Zusammen stürzten sich die vier Tiere in die Stube. Die Räuber flohen eilig.

Die Tiere aber blieben im ________________ bis an ihr Lebensende.

ABC Gitterrätsel

1 Welcher Apfel hat keinen Stiel?
2 Welches Blatt wächst nicht am Baum?
3 Welcher Schuh passt nicht an den Fuß?
4 Welches Kleid hat keine Knöpfe?
5 Welche Feige kann man nicht essen?
6 Welches Bein kann nicht laufen?
7 Welcher König hat kein Reich?
8 Welches Schloss ist nicht bewohnbar?
9 Welche Decke wärmt nicht?
10 Welcher Baum wächst nicht?
11 Welcher Hahn kräht nicht?
12 Welche Gasse führt nicht weiter?
13 Welcher Hut passt auf keinen Kopf?
14 Welches Schwein kann nicht laufen?
15 Welcher Ring passt nicht an den Finger?
16 Welches Pferd wird nie groß?

Streiche die Lösungswörter durch, die du schon verwendest hast.

1 Setze die Lösungswörter in das ABC-Gitterrätsel richtig ein.

TISCHBEIN ARBEITSBLATT TÜRSCHLOSS ZIMMERDECKE
OHRFEIGE HANDSCHUH WASSERHAHN BOXRING
AUGAPFEL SPARSCHWEIN PONY ZAUNKÖNIG
FINGERHUT SACKGASSE FEDERKLEID PURZELBAUM

ABC Gitterrätsel

2 **Welche Buchstaben aus dem ABC fehlen in den blauen Kästchen?**

___ ___ ___ ___ ___ ___ ___ ___ ___ ___

Rund um den Apfelbaum

Die eigentliche Heimat des Apfels ist China. Dort entdeckte man viele verschiedene Wildarten. Unsere heutigen Sorten stammen von ihnen ab.

Es ist kaum vorstellbar, dass aus so einem kleinen Apfelkern ein riesiger Baum heranwächst. Zwischen sechs und neun Metern kann ein Apfelbaum hoch werden. Jedes Jahr bildet er neues Laub und trägt saftige Früchte.
Fast niemand weiß, dass er zur Familie der Rosengewächse gehört.

Schau dir doch einmal im Mai die Blüten eines Apfelbaumes etwas genauer an. Die kleinen weiß-rosafarbigen Blüten sehen aus wie Miniröschen. Aber erst wenn diese winzigen Blüten von Bienen befruchtet werden, entstehen Äpfel.

Mit dem Stiel hält sich das heranwachsende Äpfelchen am Ast fest. Wenn die Frucht reif ist, lässt sie sich ganz leicht abnehmen.
Die Erntezeit ist abhängig von der Sorte. Manche Äpfel sind schon im August ausgereift. Die meisten werden aber im September und Oktober geerntet.

Äpfel sind sehr gesund. Sie enthalten viele Vitamine und Mineralstoffe. Unreife, saure Früchte solltest du nicht essen. Du kannst leicht Magenschmerzen davon bekommen.

1 **Ein Apfelbaum wächst aus einem**

- ☐ Apfelkarn ☐ Apfelkorn ☐ Apfelkurn ☐ Apfelkern

2 **Ein Apfelbaum gehört zu den**

- ☐ Zwiebelgewächsen ☐ Rosengewächsen ☐ Rasengewächsen

3 **Der Ast hält den Apfel**

- ☐ am Stiel ☐ am Gehäuse ☐ am Kern ☐ am Stamm

4 **Ein Apfel entsteht aus**

- ☐ einer Blume ☐ einer Blüte ☐ einem Ast ☐ einem Blatt

5 **Apfelblüten werden befruchtet von**

- ☐ Maden ☐ Vögeln ☐ Bienen ☐ Bauern

6 **Die meisten Äpfel werden geerntet in den Monaten**

- ☐ Mai bis Juni ☐ Oktober bis November
- ☐ September bis Oktober ☐ Januar bis Februar

7 **Unterstreiche alle Monatsnamen im Text.**

Wie viele sind es? ______

Schlangensätze

Lies dir die Schlangensätze zuerst einmal genau durch.
Alles, was du machen musst, steht in dem Text.

d i e s e r | t e x t i s t e i n b i s s c h e n s e l t s a m

e r b e s t e h t a u s l a u t e r k l e i n e n b u c h s t a b e n
a u ß e r d e m f e h l e n d i e s a t z z e i c h e n

l i e s i h n b i t t e g r ü n d l i c h d u r c h d u l e r n s t h i e r
g e n a u u n d k o n z e n t r i e r t z u l e s e n

d e i n e a u f g a b e i s t e s , d i e e i n z e l n e n w ö r t e r
d u r c h s e n k r e c h t e b l e i s t i f t s t r i c h e z u
t r e n n e n

m a c h e n a c h j e d e m s a t z e i n e n d i c k e n p u n k t
w e n n d u a c h t p u n k t e g e m a c h t h a s t , h a s t d u
a l l e s ä t z e g e f u n d e n

Unterstreiche im unteren Witz die 10 Unterschiede.

Ein Mann geht in eine Tierhandlung. Er möchte einen Eisbären kaufen.
Der Verkäufer hat tatsächlich einen da. Beim Kassieren sagt er:
„Das Tier ist sehr zutraulich und gar nicht wild. Sie dürfen es
aber **NIE** hinter den Ohren kraulen!"
Daheim angekommen läuft alles ganz prima, bis der Mann eines Tages sagt:
„Ich halte es nicht mehr aus, ich muss meinen Eisbären einfach einmal
hinter den Ohren kraulen."
Er tut es und der Eisbär springt brüllend auf ihn los.
Der Mann läuft in Panik weg: den Flur entlang, die Treppe hinauf,
die Treppe wieder herunter, um den Esstisch, um den Küchentresen,
der Eisbär immer knapp dahinter. Am Ende ist der Mann total erschöpft.
Der Eisbär holt ihn ein, schlägt ihm mit seiner Pranke auf die Schulter
und sagt: „Du bist jetzt Fänger!"

Ein Mann geht in die Tierhandlung. Er möchte sich einen Eisbären kaufen.
Der Verkäufer hat tatsächlich einen da. Beim Kassieren sagt er:
„Das Tier ist ziemlich zutraulich und überhaupt nicht wild. Sie dürfen es
aber **NIE** hinter den Ohren streicheln!"
Daheim angekommen läuft alles ganz toll, bis der Mann eines Tages sagt:
„Ich halte es nicht mehr aus, ich muss den Eisbären einfach einmal
hinter den Ohren kraulen."
Er tut es und der Eisbär springt brüllend auf ihn los.
Der Mann läuft in Panik weg: den Gang entlang, die Treppe hinauf,
die Treppe wieder runter, um den Esstisch, um den Küchentresen,
der Eisbär immer knapp dahinter. Am Schluss ist der Mann total erschöpft.
Der Eisbär holt ihn ein, schlägt ihm mit seiner Pranke auf die Schulter
und sagt: „Du bist jetzt Fänger!"

So viele Geschenke!

Die Kinder erzählen über ihre liebsten Geburtstagsgeschenke.
Schreibe zu jeder Sprechblase die Nummer des passenden Geschenks.

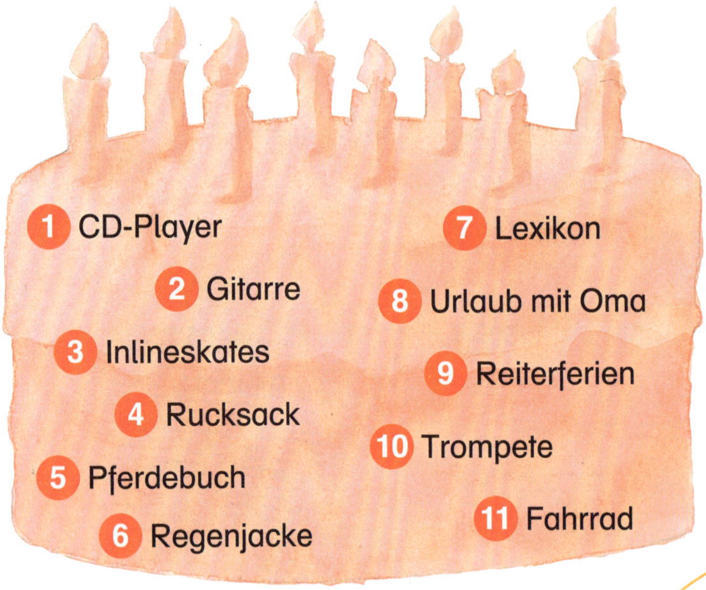

1 CD-Player
2 Gitarre
3 Inlineskates
4 Rucksack
5 Pferdebuch
6 Regenjacke
7 Lexikon
8 Urlaub mit Oma
9 Reiterferien
10 Trompete
11 Fahrrad

Endlich darf ich ein Instrument lernen! Und dazu singen kann ich auch gleichzeitig. ____

Ich wollte schon immer ein so tolles Instrument lernen. Wenn ich gut bin, darf ich vielleicht im Blasorchester der Schule mitspielen. ____

Eine Woche ohne Familie auf einem Hof! Und den ganzen Tag mit Pferden zusammen! Prima! ____

Jetzt kann ich in meinem Zimmer meine Musik hören und muss nicht die Anlage im Wohnzimmer teilen. ____

Endlich muss ich nicht mehr mit der alten, geerbten Tretmühle von meinem Bruder rumfahren. Mein neuer Flitzer ist knallrot. ____

Endlich kann ich etwas nachschlagen, wenn ich es nicht weiß. ____

Tierische Sätze

Kreuze nur die sinnvollen Aussagen an.

- ☐ Hannas Hamster heißt Bommel.
- ☐ Ich zahle mit einer Eule.
- ☐ Eine Schlange kann giftig sein.
- ☐ Der Affe sitzt im Kühlschrank.
- ☐ Sinne haben acht Beine.
- ☐ Auch im Regenwald gibt es Frösche.
- ☐ Koalabären jagen Handtaschen.
- ☐ Die Katze schnurrt leise.
- ☐ Lass den Schmetterling nicht an!
- ☐ Die Maus knattert den Käse an.
- ☐ Eidechsen haben lange Schwänze.
- ☐ Ein Pferd grast auf der Weide.
- ☐ Der bunte Vogel hüpft auf seinen Bienen.
- ☐ Ein Skorpion zeigt seinen Giftstachel.
- ☐ Hast du Hunde?
- ☐ Die Amsel zeigt grün.
- ☐ Mein Opel hat eine Kaninchenzucht.
- ☐ Der Spatz frisst das Krokodil.
- ☐ Kaulquappen leben im Wasser.
- ☐ Der Schlaf hat wolliges Fell.

Pfadfinder

In Leos Klasse wurde eine Einladung für einen Schnuppernachmittag bei den Pfadfindern ausgeteilt.
Lies dir den Brief genau durch und zeichne Leos Weg zum Treffpunkt in den Plan auf der nächsten Seite ein.

Liebe Kinder!

Wenn ihr mit dem Rücken zur Schule steht,
wendet euch erst einmal nach rechts.
Geht die Schulstraße entlang bis zur nächsten Kreuzung.
Dort biegt ihr links in den Ahornweg ein.
Nach der Post müsst ihr links abbiegen.
An der übernächsten Kreuzung geht es rechts weiter.
Sobald sich der Weg gabelt, nehmt den rechten Pfad.
Ihr müsst ein kurzes Stück durch den Wald gehen.
Dann findet ihr auf der Lichtung unseren Lagerplatz.
Viel Spaß und Erfolg bei eurem ersten „Pfadfinder-Weg“!

Die Leiter der Jugendgruppe Wölfe

SCHULE
Schulstraße
Ahornweg
POST
SUPERMARKT

Familie Nashorn verreist

1

Am ersten Ferientage
gleich morgens früh um acht,
da hat Familie Nashorn
sich auf den Weg gemacht.

2

Im fernen Reiselande,
das sie noch nie gesehn,
wolln sie zum ersten Male
am Meer spazieren gehn.

3

Ins kleine grüne Auto,
da passten alle rein.
Drei Kinder auf dem Rücksitz
und auch der Hund – ganz klein.

4

Sie fuhren durch die Berge
vorbei an Wald und See
und oben auf dem Gipfel,
da lag sogar noch Schnee.

5

Und endlich dann am Abend,
die Lider wurden schwer,
sie bogen um die Ecke
und sahen es – das Meer!

6

Hellwach und voller Freude,
sie sperrten auf den Mund,
bestaunten große Wellen,
es wedelte der Hund.

7

Sie hüpften aus dem Auto
und liefen durch den Sand.
Nun sind sie angekommen
im Urlaubsferienland.

LÖSUNGEN

2

VERITAS
Gemeinsam besser lernen

(Zum Heraustrennen dieses Lösungsheftes die mittlere Klammer lösen.)

Liebe Eltern,
Lesekompetenz steigern, Lesebegeisterung wecken und fördern – das gelingt mit den Leseübungen dieses Ferienheftes. Damit ist ihr Kind **bestens auf das neue Schuljahr vorbereitet** – ein klarer Vorteil für die weitere Schullaufbahn.
In 15 überschaubaren Tagesportionen werden verschiedene Themen und Texttypen behandelt (siehe auch Textarten-Überblick S. 44/45).

Und so funktioniert es:

- Ihr Kind kann die **15 Lesetage** über den Sommer verteilen oder die letzten **zwei bis drei Wochen vor Schulbeginn** nutzen.
- Als besonderen Anreiz darf sich Ihr Kind nach jedem Lesetag mit einem Puzzleteil **belohnen**. Diesen schneidet es von der letzten Seite des Buches aus und klebt ihn auf den hinteren Innenumschlag. Das ergibt schließlich ein schönes Gesamtbild.
- Übrigens: **Anerkennung** für geleistete Arbeit motiviert Ihr Kind. Bestätigen und ermutigen Sie es, auch wenn vielleicht nicht immer alles richtig ist.
- Mit diesem herausnehmbaren Lösungsheft ist eine **Selbstkontrolle** ganz einfach, denn jede Seite ist hier nochmals mit der Lösung abgebildet.

Achtung: Alle Lösungen sind in Rot eingetragen.

Wie heißen diese Gemälde?

Das sind Titel von Gemälden:

1. Im Sonnenblumenfeld
2. Rote Rosen am Fenster
3. Eselmutter mit Fohlen
4. Mann mit Sonnenbrille
5. Wilde Pferde im Sonnenuntergang
6. Sonnenuntergang in den Bergen
7. Die einsame Rose
8. Unterwegs mit der Pferdekutsche
9. Wehendes Haar im Sonnenuntergang
10. Kutschfahrt mit einem Esel
11. Zwei kleine Eselchen
12. Sonnenuntergang über dem Meer

Lies genau! Viele Titel sind ähnlich. Achte auf die kleinen Unterschiede!

Welcher Titel gehört zu welchem Gemälde? Schreibe die Nummer des Titels in das Kästchen unter das passende Bild.

10

2

4

7

6

11

12

3

1

5

9

8

Wörterschlangen

Arbeite mit Bleistift, dann kannst du Fehler verbessern.

1. **In jeder Schlange verstecken sich Wörter. Kreise sie ein.**
2. **Notiere den übrig gebliebenen Buchstaben am Ende jeder Zeile. So erhältst du ein Lösungswort.**

GUMMIGKREISBLUSEPFLAUMEKRONE — G

STORCHZWIEBELUTREPPEGLASKNOPF — U

TBRILLESCHIFFIGELKOPFSPATZHALS — T

KNIESPIEGELNACHTZWISCHENGESSEN — G

KAUENFLASCHEKNOCHENESCHWACHTOR — E

STRICKENWESTEVORWÄRTSMENGOFT — M

MARMELADEKLASSELANGASCHAFADER — A

ROLLSTUHLCKÜRBISTRAKTORVULKANICH — C

SOFAROSINESCHREIBMASCHINEHTOMATE — H

BUTTERPOLIZEIFÜHLENTBANANETOPFPIZZA — T

Wovon sprechen diese Kinder?

Ordne die Nummern den passenden Aussagen zu.

Ferien 1 | Geburtstag 2 | Ostern 3 | Sportfest 4 | Fasching 5 | Weihnachten 6

Am Sonntag bin ich schon ganz früh aufgestanden und in den Garten gelaufen. Unter einem Strauch fand ich ein Nest voller bunter Eier. 3

In der Klasse durften wir uns verkleiden. Mein Freund und ich hatten ganz ähnliche Hüte auf. Wir sangen lustige Lieder und warfen Luftschlangen. 5

Gestern habe ich ein neues Fahrrad bekommen. Nachmittags durfte ich dann meine besten Freunde einladen. Meine Mutter backte meinen Lieblingskuchen. 2

Am schönsten finde ich es, wenn am Baum die Lichter brennen und draußen alles verschneit ist. 6

Jeden Tag kann ich ausschlafen und muss keine Hausübung machen. Meistens fahren wir für zwei Wochen zur Oma. 1

Beim Laufen bin ich Klassenbester. Ich habe schon zwei Ehrenurkunden erhalten. 4

1 Wie viele Stunden dauert das Sommerfest? 4 Stunden

2 Was wird an den einzelnen Ständen angeboten? Verbinde.

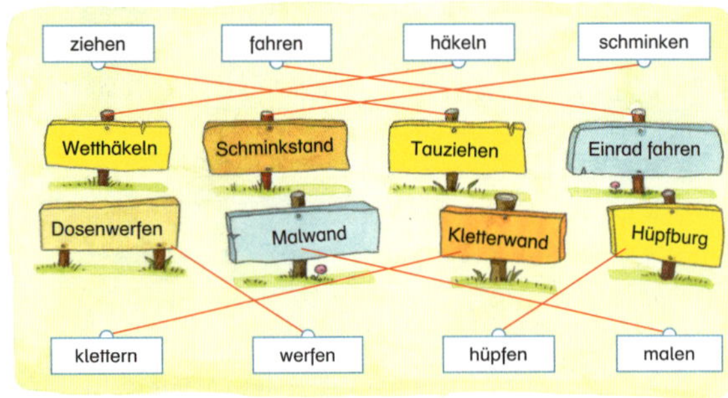

3 Welcher Wettbewerb wird bei Aufgabe 2 nicht genannt?

Stelzenlauf

4 Was kostet der Eintritt für Erwachsene? 6 €

5 Wie heißen die Stände, die für das leibliche Wohl sorgen?

Das leibliche Wohl bedeutet, für Essen und Trinken zu sorgen.

Grillstand

Kuchenstand

Getränkestand

Es ist ein wirklich tolles Tier.
Beine hat es – zwei, wie wir.

Im Zoo hüpft es oft hin und her.
Das Klettern fällt ihm gar nicht schwer.

Das wilde Tier, das kommt von fern.
Bananen hat's zum Fressen gern.

Von welchem Wesen sprech ich nur?
Schau auf die Silben an der Schnur.

Da findest du drei von der Sorte;
so mache daraus ganze Worte.

1 Das gesuchte Tier ist ein Affe.

2 Die drei Arten des Tieres heißen:

Schimpanse Pavian Gorilla

Liebe Oma,

gestern Nachmittag hat unsere Katze Minka fünf Junge zur Welt gebracht! Da wir in der Schule gerade über Haustiere sprechen, lernen wir eine Menge über diese Tiere. Weißt du, dass die neugeborenen Kätzchen blind und taub zur Welt kommen? Etwa am zehnten Tag öffnen sie ihre Augen und beginnen zu hören.

Sie sind nur etwa 10 bis 15 cm groß. Sofort nach der Geburt suchen sie bei ihrer Mutter nach den Zitzen und trinken sich satt. Minka leckt nach jeder Mahlzeit die kleinen Bäuche ihrer Kinder. Dadurch wird die Verdauung angeregt. Anschließend kuscheln sich alle eng aneinander und schlafen. Unsere Lehrerin sagt, dass man sie dabei nicht stören darf. Katzen sind Säugetiere und die wachsen nämlich im Schlaf. In etwa vier Wochen werden unsere Kätzchen schon im Haus herumtollen! Darauf freue ich mich. Ich werde dir weiter über unsere kleine Katzenfamilie berichten.

Ganz liebe Grüße von deiner Julia

Schreibe die passenden Wörter in die Lücken.

kuscheln | groß | Welt | Katze | Augen | trinken | Schule | Wochen

Suchanzeige

Waldheim, den 17.7.2014

Verschwunden!

Wer hat unser Kaninchen Mucki gefunden?

Mucki ist seit gestern aus seinem Freigehege in der Gartenstraße 5 verschwunden.
Er hat ein braunes, ganz weiches Fell.
Sein Bauch ist weiß. Auf der Stirn ist ein runder, schwarzer Fleck.
Beide Ohren sind an den Spitzen weiß.
Die rechte Hinterpfote ist schwarz.
Mucki ist noch sehr klein. Er ist erst fünf Monate alt.

Wer ihn findet, meldet sich bitte bei:

Lukas Bronner
Tel: 0 80 55/23 40

Für den Finder gibt es eine Belohnung!

1 **Welches Tier wird vermisst?**

☐ ein Meerschweinchen ☐ ein Hase ☒ ein Kaninchen

2 **Seit wann ist Mucki verschwunden?**

☐ seit heute ☐ seit morgen ☒ seit gestern ☐ seit vorgestern

3 **In welcher Jahreszeit ist Mucki verschwunden?** Sommer

4 **Wo wohnt Mucki?**

Straße: Gartenstraße 5

Ort: Waldheim

5 **Wie alt ist Mucki?**

☐ drei Monate ☐ vier Monate ☒ fünf Monate

6 **Welchen Nachnamen hat Muckis Besitzer?** Bronner

7 **Was hat welche Farbe? Verbinde.**

Fell	weiß
Bauch	braun
Stirnfleck	grau
Ohrenspitzen	schwarz
Hinterpfote	

(Verbunden: Fell – braun; Bauch – weiß; Stirnfleck – schwarz; Ohrenspitzen – weiß; Hinterpfote – schwarz)

Die Bremer Stadtmusikanten

Ein alter Esel, der seinem Herrn viele Jahre treu gedient hatte und zu nichts mehr nütze war, machte sich auf den gWe nach Bremen. „Dort werde ich Stadtmusikant", dachte er bei sich.

Nach einer Weile begegneten ihm ein alter nudH, eine alte Katze und ein alter Hahn. „Lasst uns zusammen nach Bremen andewrn und dort Stadtmusikanten werden!", schlug der elsE vor.
Und da allen der Vorschlag gefiel, marschierten die Tiere los.

Abends erreichten sie einen ladW. Müde flog der Hahn auf die Spitze eines hohen Baumes, als er einen eiSchn bemerkte.
Er rief: „Nicht weit von hier brennt ein Licht!" Da sprach der Hund:
„Ja, etwas eischFl und ein Knochen kämen mir gerade recht."

Und so folgten sie dem Lichtschein, bis sie vor einem llhe erleuchteten Räuberhaus standen. Der Esel schaute durch das enFster hinein.
„Ich sehe einen sTich voll mit köstlichen Speisen.
Räuber lassen es sich schmecken!" Da sprang der nuHd auf des Esels Rücken. Die atzKe kletterte auf den Hund und der Hahn flog auf ihren Kopf. Gemeinsam machten sie lautstark Misuk:
Der Esel schrie, der Hund bellte, die Katze miaute und der Hahn krähte aus Leibeskräften.

Zusammen stürzten sich die vier Tiere in die Stube. Die Räuber flohen eilig.
Die Tiere aber blieben im aHus bis an ihr Lebensende.

(nach den Brüdern Grimm)

Schreibe die Wörter mit den verdrehten Buchstaben richtig auf die Linien.

Ein alter Esel, der seinem Herrn viele Jahre treu gedient hatte

und zu nichts mehr nütze war, machte sich auf den Weg

nach Bremen. „Dort werde ich Stadtmusikant", dachte er bei sich.

Nach einer Weile begegneten ihm ein alter Hund, eine alte Katze

und ein alter Hahn. „Lasst uns zusammen nach Bremen wandern

und dort Stadtmusikanten werden!", schlug der Esel vor.

Und da allen der Vorschlag gefiel, marschierten die Tiere los.

Abends erreichten sie einen Wald. Müde flog der Hahn

auf die Spitze eines hohen Baumes, als er einen Schein bemerkte.

Er rief: „Nicht weit von hier brennt ein Licht!" Da sprach der Hund:

„Ja, etwas Fleisch und ein Knochen kämen mir gerade recht."

Und so folgten sie dem Lichtschein, bis sie vor einem hell erleuchteten

Räuberhaus standen. Der Esel schaute durch das Fenster hinein.

„Ich sehe einen Tisch voll mit köstlichen Speisen.

Räuber lassen es sich schmecken!" Da sprang der Hund auf

des Esels Rücken. Die Katze kletterte auf den Hund und der Hahn

flog auf ihren Kopf. Gemeinsam machten sie lautstark Musik:

Der Esel schrie, der Hund bellte, die Katze miaute und der Hahn

krähte aus Leibeskräften.

Zusammen stürzten sich die vier Tiere in die Stube. Die Räuber flohen eilig.

Die Tiere aber blieben im Haus bis an ihr Lebensende.

ABC Gitterrätsel

1 Welcher Apfel hat keinen Stiel?
2 Welches Blatt wächst nicht am Baum?
3 Welcher Schuh passt nicht an den Fuß?
4 Welches Kleid hat keine Knöpfe?
5 Welche Feige kann man nicht essen?
6 Welches Bein kann nicht laufen?
7 Welcher König hat kein Reich?
8 Welches Schloss ist nicht bewohnbar?
9 Welche Decke wärmt nicht?
10 Welcher Baum wächst nicht?
11 Welcher Hahn kräht nicht?
12 Welche Gasse führt nicht weiter?
13 Welcher Hut passt auf keinen Kopf?
14 Welches Schwein kann nicht laufen?
15 Welcher Ring passt nicht an den Finger?
16 Welches Pferd wird nie groß?

Streiche die Lösungswörter durch, die du schon verwendest hast.

1 Setze die Lösungswörter in das ABC-Gitterrätsel richtig ein.

TISCHBEIN ARBEITSBLATT TÜRSCHLOSS ZIMMERDECKE
OHRFEIGE HANDSCHUH WASSERHAHN BOXRING
AUGAPFEL SPARSCHWEIN PONY ZAUNKÖNIG
FINGERHUT SACKGASSE FEDERKLEID PURZELBAUM

1 A U G A P F E L
2 A R B E I T S B L A T T
3 H A N D S C H U H
4 F E D E R K L E I D
5 O H R F E I G E
6 T I S C H B E I N
7 Z A U N K Ö N I G
8 T Ü R S C H L O S S
9 Z I M M E R D E C K E
10 P U R Z E L B A U M
11 W A S S E R H A H N
12 S A C K G A S S E
13 F I N G E R H U T
14 S P A R S C H W E I N
15 B O X R I N G
16 P O N Y

2 Welche Buchstaben aus dem ABC fehlen in den blauen Kästchen?

D F H J N O Q T V Z

Rund um den Apfelbaum

Die eigentliche Heimat des Apfels ist China. Dort entdeckte man viele verschiedene Wildarten. Unsere heutigen Sorten stammen von ihnen ab.

Es ist kaum vorstellbar, dass aus so einem kleinen Apfelkern ein riesiger Baum heranwächst. Zwischen sechs und neun Metern kann ein Apfelbaum hoch werden. Jedes Jahr bildet er neues Laub und trägt saftige Früchte.
Fast niemand weiß, dass er zur Familie der Rosengewächse gehört.

Schau dir doch einmal im Mai die Blüten eines Apfelbaumes etwas genauer an. Die kleinen weiß-rosafarbigen Blüten sehen aus wie Miniröschen. Aber erst wenn diese winzigen Blüten von Bienen befruchtet werden, entstehen Äpfel.

Mit dem Stiel hält sich das heranwachsende Äpfelchen am Ast fest. Wenn die Frucht reif ist, lässt sie sich ganz leicht abnehmen. Die Erntezeit ist abhängig von der Sorte. Manche Äpfel sind schon im August ausgereift. Die meisten werden aber im September und Oktober geerntet.

Äpfel sind sehr gesund. Sie enthalten viele Vitamine und Mineralstoffe. Unreife, saure Früchte solltest du nicht essen. Du kannst leicht Magenschmerzen davon bekommen.

1 Ein Apfelbaum wächst aus einem

☐ Apfelkarn ☐ Apfelkorn ☐ Apfelkurn ☒ Apfelkern

2 Ein Apfelbaum gehört zu den

☐ Zwiebelgewächsen ☒ Rosengewächsen ☐ Rasengewächsen

3 Der Ast hält den Apfel

☒ am Stiel ☐ am Gehäuse ☐ am Kern ☐ am Stamm

4 Ein Apfel entsteht aus

☐ einer Blume ☒ einer Blüte ☐ einem Ast ☐ einem Blatt

5 Apfelblüten werden befruchtet von

☐ Maden ☐ Vögeln ☒ Bienen ☐ Bauern

6 Die meisten Äpfel werden geerntet in den Monaten

☐ Mai bis Juni ☐ Oktober bis November
☒ September bis Oktober ☐ Januar bis Februar

7 Unterstreiche alle Monatsnamen im Text.

Wie viele sind es? 4

Schlangensätze

Lies dir die Schlangensätze zuerst einmal genau durch.
Alles, was du machen musst, steht in dem Text.

dieser|text|ist|ein|bisschen|seltsam|.

er|besteht|aus|lauter|kleinen|buchstaben|.
außerdem|fehlen|die|satzzeichen|.

lies|ihn|bitte|gründlich|durch|du|lernst|hier|
genau|und|konzentriert|zu|lesen|.

deine|aufgabe|ist|es,|die|einzelnen|wörter|
durch|senkrechte|bleistiftstriche|zu|
trennen|.

mache|nach|jedem|satz|einen|dicken|punkt|.
wenn|du|acht|punkte|gemacht|hast,|hast|du|
alle|sätze|gefunden|.

Witzig, witzig!

Ein Mann geht in eine Tierhandlung. Er möchte einen Eisbären kaufen.
Der Verkäufer hat tatsächlich einen da. Beim Kassieren sagt er:
„Das Tier ist sehr zutraulich und gar nicht wild. Sie dürfen es aber **NIE** hinter den Ohren kraulen!"
Daheim angekommen läuft alles ganz prima, bis der Mann eines Tages sagt:
„Ich halte es nicht mehr aus, ich muss meinen Eisbären einfach einmal hinter den Ohren kraulen."
Er tut es und der Eisbär springt brüllend auf ihn los.
Der Mann läuft in Panik weg: den Flur entlang, die Treppe hinauf, die Treppe wieder herunter, um den Esstisch, um den Küchentresen, der Eisbär immer knapp dahinter. Am Ende ist der Mann total erschöpft.
Der Eisbär holt ihn ein, schlägt ihm mit seiner Pranke auf die Schulter und sagt: „Du bist jetzt Fänger!"

Ein Mann geht in die Tierhandlung. Er möchte sich einen Eisbären kaufen.
Der Verkäufer hat tatsächlich einen da. Beim Kassieren sagt er:
„Das Tier ist ziemlich zutraulich und überhaupt nicht wild. Sie dürfen es aber **NIE** hinter den Ohren streicheln!"
Daheim angekommen läuft alles ganz toll, bis der Mann eines Tages sagt:
„Ich halte es nicht mehr aus, ich muss den Eisbären einfach einmal hinter den Ohren kraulen."
Er tut es und der Eisbär springt brüllend auf ihn los.
Der Mann läuft in Panik weg: den Gang entlang, die Treppe hinauf, die Treppe wieder runter, um den Esstisch, um den Küchentresen, der Eisbär immer knapp dahinter. Am Schluss ist der Mann total erschöpft.
Der Eisbär holt ihn ein, schlägt ihm mit seiner Pranke auf die Schulter und sagt: „Du bist jetzt Fänger!"

So viele Geschenke!

Die Kinder erzählen über ihre liebsten Geburtstagsgeschenke.
Schreibe zu jeder Sprechblase die Nummer des passenden Geschenks.

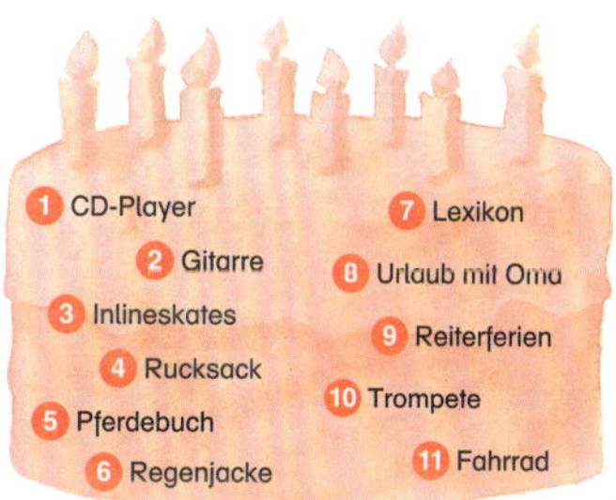

Endlich darf ich ein Instrument lernen! Und dazu singen kann ich auch gleichzeitig. 2

Ich wollte schon immer ein so tolles Instrument lernen. Wenn ich gut bin, darf ich vielleicht im Blasorchester der Schule mitspielen. 10

Eine Woche ohne Familie auf einem Hof! Und den ganzen Tag mit Pferden zusammen! Prima! 9

Jetzt kann ich in meinem Zimmer meine Musik hören und muss nicht die Anlage im Wohnzimmer teilen. 1

Endlich muss ich nicht mehr mit der alten, geerbten Tretmühle von meinem Bruder rumfahren. Mein neuer Flitzer ist knallrot. 11

Endlich kann ich etwas nachschlagen, wenn ich es nicht weiß. 7

Sinnvoll oder nicht?

Tierische Sätze
Kreuze nur die sinnvollen Aussagen an.

- [x] Hannas Hamster heißt Bommel.
- [ ] Ich zahle mit einer Eule.
- [x] Eine Schlange kann giftig sein.
- [ ] Der Affe sitzt im Kühlschrank.
- [ ] Sinne haben acht Beine.
- [x] Auch im Regenwald gibt es Frösche.
- [ ] Koalabären jagen Handtaschen.
- [x] Die Katze schnurrt leise.
- [ ] Lass den Schmetterling nicht an!
- [ ] Die Maus knattert den Käse an.
- [x] Eidechsen haben lange Schwänze.
- [x] Ein Pferd grast auf der Weide.
- [ ] Der bunte Vogel hüpft auf seinen Bienen.
- [x] Ein Skorpion zeigt seinen Giftstachel.
- [x] Hast du Hunde?
- [ ] Die Amsel zeigt grün.
- [ ] Mein Opel hat eine Kaninchenzucht.
- [ ] Der Spatz frisst das Krokodil.
- [x] Kaulquappen leben im Wasser.
- [ ] Der Schlaf hat wolliges Fell.

Pfadfinder

In Leos Klasse wurde eine Einladung für einen Schnuppernachmittag bei den Pfadfindern ausgeteilt.
Lies dir den Brief genau durch und zeichne Leos Weg zum Treffpunkt in den Plan auf der nächsten Seite ein.

Liebe Kinder!

Wenn ihr mit dem Rücken zur Schule steht,
wendet euch erst einmal nach rechts.
Geht die Schulstraße entlang bis zur nächsten Kreuzung.
Dort biegt ihr links in den Ahornweg ein.
Nach der Post müsst ihr links abbiegen.
An der übernächsten Kreuzung geht es rechts weiter.
Sobald sich der Weg gabelt, nehmt den rechten Pfad.
Ihr müsst ein kurzes Stück durch den Wald gehen.
Dann findet ihr auf der Lichtung unseren Lagerplatz.
Viel Spaß und Erfolg bei eurem ersten „Pfadfinder-Weg"!

Die Leiter der Jugendgruppe Wölfe

Familie Nashorn verreist

①
Am ersten Ferientage
gleich morgens früh um acht,
da hat Familie Nashorn
sich auf den Weg gemacht.

②
Im fernen Reiselande,
das sie noch nie gesehn,
wolln sie zum ersten Male
am Meer spazieren gehn.

③
Ins kleine grüne Auto,
da passten alle rein.
Drei Kinder auf dem Rücksitz
und auch der Hund – ganz klein.

④
Sie fuhren durch die Berge
vorbei an Wald und See
und oben auf dem Gipfel,
da lag sogar noch Schnee.

⑤
Und endlich dann am Abend,
die Lider wurden schwer,
sie bogen um die Ecke
und sahen es – das Meer!

⑥
Hellwach und voller Freude,
sie sperrten auf den Mund,
bestaunten große Wellen,
es wedelte der Hund.

⑦
Sie hüpften aus dem Auto
und liefen durch den Sand.
Nun sind sie angekommen
im Urlaubsferienland.

1 Zu welcher Tageszeit brach Familie Nashorn in den Urlaub auf?

☒ morgens ☐ vormittags ☐ nachmittags ☐ abends

2 Worum geht es in diesem Gedicht?

Es geht darum, dass …

☐ … Menschen in Urlaub fahren.
☐ … Autofahren müde macht.
☒ … eine Familie zum ersten Mal das Meer sieht.
☐ … der Hund durch den Sand laufen durfte.

3 Woran merkst du in der 6. Strophe, dass sich der Hund sehr freute?

Er wedelte mit seinem Schwanz.

4 Zu welcher Strophe passen diese Wörter?

Gebirge Strophe 4 — Müdigkeit Strophe 5
Freude Strophe 6 — Abfahrt Strophe 1

5 Wie viele Nashörner sitzen im Auto? 5 Nashörner

6 In jeder Strophe gibt es ein Reimpaar. Vervollständige.

schwer	See	acht	Hund
Meer	Schnee	gemacht	Mund

Sand	gehn	rein
Urlaubsferienland	gesehn	klein

Wer hat den Dieb gesehen?

Marco langweilte sich.
Seine Mutter suchte nach einer Kette in dem kleinen Schmuckgeschäft. Eine Menge Leute befanden sich dort. Der Bub beobachtete sie.

Er sah einer jungen Frau mit Brille und langem, blondem, gelocktem Haar zu, die sich eine Silberkette umhängte. Daneben stand ein Mädchen mit roten, glatten, langen Haaren und einer Zahnspange, das sich einen silbernen Ring an den Finger steckte.
Er bemerkte auch, wie ein junger Mann mit Brille und lockigem, kurzem, dunklem Haar sich eine Goldkette nahm.

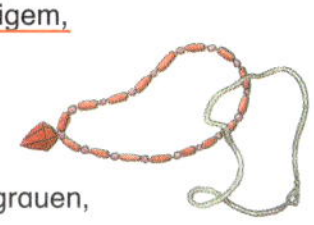

Außerdem fiel ihm auf, dass ein altes Ehepaar lange Zeit eine Kette aus roten Edelsteinen genau betrachtete.
Die alte Frau trug einen lila Hut, unter dem ihre lockigen, grauen, kurzen Haare hervorschauten.
Der alte Mann hatte eine Brille auf der Nase und eine Glatze.

Im Auge behielt Marco schließlich einen Buben mit Brille, kurzen, dunklen Haaren und Kappe. Er nahm einen goldenen Ring aus dem Regal.
Dann entdeckte er seinen Freund Timo und ging zu ihm.
Er achtete nicht weiter darauf, was im Geschäft passierte.
Leute gingen ein und aus. Mutter hatte inzwischen eine hübsche Kette gefunden. Eben wollte sie bezahlen, als der Verkäufer rief:
„Jemand hat die wertvolle Goldkette gestohlen. Wer war das?"
Zum Glück hatte Marco gut aufgepasst und konnte dem Verkäufer mitteilen, wie die Person aussah, welche die wertvolle goldene Kette mitgenommen hatte.

1 **Was hat der Dieb gestohlen?** Eine Goldkette

2 **Wer sah sich was an? Verbinde Person und Schmuckstück.**

junge Frau	silberner Ring
Mädchen	Edelsteinkette
Bub	Goldkette
altes Ehepaar	Silberkette
junger Mann	goldener Ring

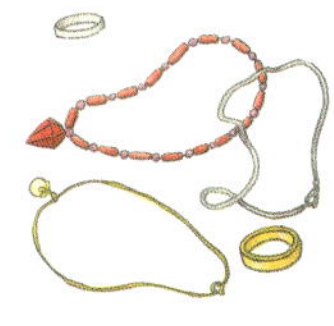

3 **Wie sah der Dieb aus? Zeichne sein Gesicht.**

Wo wird der Dieb im Text beschrieben? Suche zuerst die Stelle. Unterstreiche sie und zeichne dann.

4 **Welche Person kommt** nicht **in der Geschichte vor? Streiche sie durch.**

Klecksmonster

Liebe Sabine!

Ich wollte dir eigentlich schon vor langer Zei● auf deinen Brief antworten. Leide● war das aber schwierig.
Ich muss dir nämlich erzähl●●, dass sich bei uns ein unheimliches Monster herumtreibt. Es möchte ni●●●, dass ich dir Brie●● schreibe. Deshalb tropft es dauernd Tinte auf dieses Blatt.

Sobald ich zu schr●●●●● anfange, tropft es über mein Bla●●. Deshalb sind jet●● lauter Kleckse auf meinem Br●●●. Ich weiß nicht, warum es das ma●●●. Viell●●●●● mag es nicht, dass ich so viele Briefe ●●●●●●be. Schreiben ist ja auch ganz schön ●●strengend! Viel leichter ist es, mitein●●●er zu ●●●●fonieren. Deshalb werde ich ab heute k●●ne Br●●●e mehr sch●●●●●●. Ich ho●●●, du verstehst das!

Liebe Grüße und bis bald am Telefon!

Deine Tanja

Verbessere den Brief.

Jeder Tintenklecks verdeckt immer einen Buchstaben.

Liebe Sabine!

Ich wollte dir eigentlich schon vor langer Zeit auf deinen Brief antworten. Leider war das aber schwierig.
Ich muss dir nämlich erzählen, dass sich bei uns ein unheimliches Monster herumtreibt. Es möchte nicht, dass ich dir Briefe schreibe. Deshalb tropft es dauernd Tinte auf dieses Blatt.

Sobald ich zu schreiben anfange, tropft es über mein Blatt. Deshalb sind jetzt lauter Kleckse auf meinem Brief. Ich weiß nicht, warum es das macht. Vielleicht mag es nicht, dass ich so viele Briefe schreibe. Schreiben ist ja auch ganz schön anstrengend! Viel leichter ist es, miteinander zu telefonieren. Deshalb werde ich ab heute keine Briefe mehr schreiben. Ich hoffe, du verstehst das!

Liebe Grüße und bis bald am Telefon!

Deine Tanja

Was ist das?

1
1 Ohne es gibt es kein Leben.
2 Kann es Wichtigeres geben?
3 Dieses Ding braucht man zum Putzen.
4 Auch sonst ist es von großem Nutzen.

2
5 Die Menschen nehmen es zum Mischen.
6 Wichtig ist es auch den Fischen.
7 Früher trieb es Mühlen an.
8 Heute treibt's manch Kraftwerk an.

3
9 Manchmal ist es unsichtbar,
10 am Nordpol ist es fest sogar.
11 Im Sommer kühlt es uns Getränke,
12 im Herbst, da macht es Schleierbänke.

4
13 Tauchen, Planschen und auch Segeln
14 würd es ohne es nicht geben.
15 Manchmal bildet's kleine Tropfen,
16 die dann an die Fenster klopfen.

5
17 Was kann dieses Ding nur sein?
18 Es höhlte schon so manchen Stein.
19 Zum Tragen muss man es verpacken.
20 Wer kann nun dieses Rätsel knacken?

Was ist die gesuchte Lösung? Wasser

Wie steigt man durch ein Blatt Papier?

Die einzelnen Schritte der Bastelanleitung sind durcheinandergeraten. Nummeriere in der richtigen Reihenfolge.

(2) Schneide etwa einen Zentimeter von den Blatträndern entfernt an beiden Seiten von der Knickkante bis fast zur anderen Seite ein.

(4) Schneide abwechselnd von unten und oben bis knapp vor das Blattende ein. Achtung! Nicht durchschneiden!

(1) Falte das Blatt Papier der Länge nach.

(5) Ziehe das zerschnittene Blatt vorsichtig auseinander.

(6) Jetzt kannst du durch den entstandenen Papierring steigen.

(3) Schneide nun die Knickkante zwischen den beiden Einschnitten auf.

Wunder gibt es nur einmal

Monika saß mit Mutter und Vater beim Abendessen.
„Stellt euch vor, wen ich heute gesehen habe“, sagte die Mutter.
Vater und Monika sahen sich fragend an.
„Den alten Tom“, erzählte Mutter.

Tom war eigentlich ein netter Kerl. Aber er war vor einiger Zeit aus der Stadt verschwunden, weil man ihm nachsagte, er hätte eine Bank überfallen. Da hielt er es für besser, einige Zeit die Stadt zu verlassen. Niemand rechnete damit, dass er eines Tages wieder zurückkommen würde.
Monikas Mama meinte nun: „Als ich Tom sah, hat mich echt der Blitz getroffen.“
Monika dachte sich: „Der Blitz hatte Mama getroffen? Und da lebt sie noch? Das ist ja ein richtiges Wunder!“

Ein paar Tage später ging Monika von der Schule nach Hause.
Plötzlich stand Tom vor ihr. Monika erschrak fürchterlich.
Sie schloss die Augen und hob die Arme schützend vor ihr Gesicht.
„Aber Kind!“, lachte Tom, „Du brauchst doch keine Angst vor mir zu haben!“
Vorsichtig blickte Monika zum Himmel. Sie war erstaunt.
Obwohl sie Tom getroffen hatte, schien immer noch die Sonne und der Himmel war blau.

1 **Wovor hatte Monika Angst, als sie Tom traf? Kreuze an.**

- ☐ Sie hatte Angst, dass Tom einen Diebstahl begehen würde.
- ☒ Sie hatte Angst, dass sie der Blitz treffen würde.
- ☐ Sie hatte Angst, dass Tom ihr etwas antun würde.

2 **Was dachte sich Monika, nachdem die Mutter von ihrer Begegnung erzählt hatte? Unterstreiche im Text.**

3 **Was meinte die Mutter mit dem Ausspruch „Mich hat der Blitz getroffen“?**

- ☒ dass sie total überrascht war
- ☐ dass sie in ein Gewitter geraten war
- ☐ dass sie schreckliche Angst hatte

4 **Was sagte Tom zu Monika?**

Aber Kind! Du brauchst doch keine Angst vor mir zu haben!

5 **Wie war das Wetter, als Monika Tom traf? Male.**

Lösung: Sonne und blauer Himmel

Tag 12

Vorsicht – Keine Schlange!

Viele Menschen haben Angst, wenn sie ein langes Tier am Boden kriechen sehen. Sie denken, es sei eine Schlange. Es gibt aber ein Lebewesen, das aussieht wie eine Schlange, jedoch keine ist. Es handelt sich um die Blindschleiche.

Bis zu einem halben Meter lang werden die Männchen. Etwas kürzer sind die Weibchen. Blindschleichen sind trotz ihres Namens nicht blind. Sie haben im Gegensatz zu Schlangen auch bewegliche Augenlider. Der Namensteil „blind“ stammt vom althochdeutschen „plint“. Das heißt „blenden“. Wenn die Blindschleiche in der Sonne liegt, glänzen nämlich ihre Schuppen silbrig-grau und können einen blenden.

Die Blindschleiche ist eine Echsenart. Zu den Echsen gehört zum Beispiel auch die Eidechse. Für gewöhnlich haben Echsen Beine. Diese hatte die Blindschleiche früher auch. Sie haben sich aber fast ganz zurückgebildet.

Die Blindschleiche hat den Igel, größere Vögel und Schlangen zum Feind. Doch sie hat einen Trick, um dem Tod zu entkommen: Wenn sie Feinde loswerden möchte, wirft sie ihren Schwanz ab. Dieser bewegt sich noch ein bisschen, sodass die Angreifer darauf Jagd machen. Die Blindschleiche macht sich inzwischen davon. Das abgeworfene Hinterteil wächst bei der Blindschleiche aber nicht nach. Leider töten viele Menschen die Blindschleiche aus Angst. Dabei ist das Tier absolut ungefährlich.

Tag 12

Ergänze den Text.

- Männliche Blindschleichen werden bis zu einem halben Meter lang.
- Die Blindschleiche und die Eidechse gehören zu der Art der Echsen.
- Echsen haben für gewöhnlich Beine, die Blindschleiche hatte diese früher auch.
- Die Augenlider der Blindschleiche sind beweglich.
- Die Feinde der Blindschleiche sind Igel, größere Vögel und Schlangen.
- Trotz ihres Namens sind Blindschleichen nicht blind. Der Name Blindschleiche hängt mit dem althochdeutschen Begriff „plint“ zusammen. Dieses Wort heißt blenden. In der Sonne glänzen die Schuppen der Blindschleiche silbrig-grau.
- Die Blindschleiche kann ihre Feinde täuschen und ihnen entkommen, indem sie ihren Schwanz abwirft.
- Viele Menschen haben Angst vor der Blindschleiche, dabei ist sie absolut ungefährlich.

Tag 13

Verdrehter Tag

Lukas sprang aus dem Bett. Er fragte seine Mutter: „Was machen wir heute?“ Seine Mutter antwortete: „Das, was wir immer tun. Zuerst müssen wir die Zähne putzen, uns anziehen und frühstücken. Dann gehst du in die Schule und ich zur Arbeit. Schließlich essen wir zu Mittag. Anschließend machst du die Hausübung, danach spielst du. Später gibt es das Abendessen, du darfst noch ein bisschen fernsehen, putzt dir die Zähne, ziehst dich um und gehst ins Bett.“
„Wie langweilig“, sagte Lukas, „lass uns doch morgen einmal alles anders machen.“ „Also gut“, willigte seine Mutter ein.

Am nächsten Tag wachte Lukas auf und erledigte noch im Bett die Hausübung. Danach gab es das Mittagessen: Fleisch und Pommes um sieben Uhr am Morgen. Anschließend sah Lukas ein bisschen fern und spielte mit seinen Autos.

Der Lehrer rief an, wo er denn bleibe. Da sagte Lukas, dass er schon noch zur Schule gehen würde. Das tat er auch nach dem Abendessen um zwölf Uhr mittags. Als Lukas im Schlafanzug in die Schule ging, spazierten die anderen Kinder gerade nach Hause. So saß Lukas den ganzen Nachmittag allein im Klassenzimmer. Also putzte er sich dort erst mal die Zähne. Er putzte sich gleich zweimal die Zähne. Dann war er Lehrer und Schüler gleichzeitig, das war ganz schön schwierig.

Nachdem er um sechs Uhr am Abend wieder zu Hause war, frühstückte er. Schließlich zog er sich Unterwäsche, Hose, Pulli, Socken und Schuhe an und legte sich so ins Bett. Als die Mutter abends an sein Bett kam, meinte er: „Ich glaube, morgen machen wir wieder alles ganz normal. Das ist doch besser.“

Tag 13

1 **Was tut Lukas an einem „normalen“ Tag? Unterstreiche im Text.**

2 **Was macht Lukas an dem „verdrehten“ Tag? Nummeriere in der richtigen Reihenfolge.**

7 Zähne putzen
9 umziehen
8 frühstücken
6 in die Schule gehen
2 zu Mittag essen
1 Hausübung machen
4 spielen
5 zu Abend essen
3 fernsehen
10 ins Bett gehen

3 **Was möchte Lukas am Ende des verdrehten Tages? Kreuze die richtige Antwort an.**

☐ Er möchte noch einmal einen verdrehten Tag erleben.
☒ Er hält den normalen Tagesablauf für besser.

4 **Wie ist die Mutter von Lukas? Kreuze an.**

☐ faul ☒ verständnisvoll ☐ streng

Haustiere

In der Klasse 2a sprechen die Kinder über Haustiere.
Drei Buben und zwei Mädchen halten je einen Hund.
Sofia, Mehmet und Elias haben jeweils einen Hamster.
Fünf weitere Kinder haben je eine Katze.
Vier Kinder halten jeweils zwei Vögel als Haustiere.
Von den Zwillingen Lena und Hanna besitzt jede einen Hasen.
Drei Kinder besitzen zusammen sechs Meerschweinchen.
Nur zwei Kinder haben kein Haustier.

1 Wie viele Kinder haben ein Haustier? 22 Kinder

2 Wie viele Kinder haben kein Haustier? 2 Kinder

3 Wie viele Kinder haben einen Hund? 5 Kinder

4 Wie viele Kinder haben einen Hasen? 2 Kinder

5 Wie viele Vögel gibt es in der Klasse? 8 Vögel

6 Wie viele Kinder sind in der Klasse 2a? 24 Kinder

7 Zeichne ein Schaubild.

Haustiere der Klasse 2a

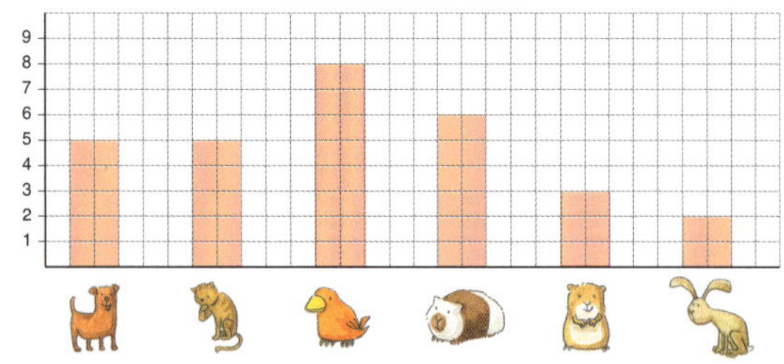

Das Legoturm-Unglück

Lies die Geschichte und male die Steine richtig ins Bild.

Ilja hat einen Turm aus Legosteinen gebaut. Er hat fünf weiße, vier gelbe, sechs rote, fünf blaue, vier schwarze und acht grüne Steine verbaut. „Fertig!“, ruft er voller Freude. In diesem Moment stürmt Hund Fridolin herein und purzelt mitten in den Turm. Die Steine fliegen in alle Himmelsrichtungen. Ein weißer und ein roter Stein segeln auf den Fernseher. Zwei gelbe Steine knallen auf das Fensterbrett. Zwei blaue und zwei schwarze Steine landen in der Obstschale. Vier grüne Steine plumpsen daneben auf den Wohnzimmertisch. Die restlichen Steine liegen auf dem Teppich verteilt.

Iljas Turm bestand aus 32 Steinen. Jetzt liegen 4 weiße, 2 gelbe, 5 rote, 3 blaue, 2 schwarze und 4 grüne Steine auf dem Teppich.

□ weiß □ gelb ■ rot ■ blau ■ schwarz ■ grün

Die Höhle des Löwen

1 Es war einmal ein alter Löwe. Er war zu schwach, um noch erfolgreich auf die Jagd zu gehen. Deshalb suchte er sich eine Höhle. Dort legte er sich hinein und jammerte: „Ich kann nicht mehr richtig jagen, nicht einmal mehr brüllen kann ich! Ich bin ja so schwach!“

2 Den anderen Tieren tat der König der Tiere sehr leid. Eines nach dem anderen kam, um den Löwen zu besuchen. Manche erschienen aus Mitleid, andere waren einfach neugierig und einige sogar eher schadenfroh. Sie wollten dem Alten beim Sterben zuschauen.
Aber kaum hatte ein Tier die Höhle betreten, schnappte es sich der betagte Löwe und verspeiste eines nach dem anderen. Ihm ging es nun besser als je zuvor.

3 Eines Tages kam der Fuchs zu Besuch. Er blieb vor der Höhle stehen. Der Löwe jammerte. „Komm doch herein. Ich bin zu schwach, um dir entgegenzugehen. Erzähle mir eine Geschichte zur Ablenkung, mit mir geht es zu Ende!“

4 Der Fuchs aber erwiderte: „Ich bleibe lieber hier draußen und warte, bis dich deine anderen Besucher verlassen haben. Denn ich sehe zwar eine Menge Tierspuren in deine Höhle hineinführen, aber keine einzige kommt wieder heraus.“

(nach Äsop)

Eine Fabel ist eine Geschichte, in der Tiere sprechen können. Aus Fabeln kann man etwas lernen.

1 Wie wird der Löwe in der Fabel noch genannt?

König der Tiere

2 Kreuze richtige Behauptungen an.

- [ ] Der Löwe ist stark und kräftig.
- [x] Viele Tiere gehen in die Höhle.
- [x] Der Fuchs wartet vor der Höhle.
- [ ] Fußspuren führen hinaus.
- [ ] Auch der Fuchs geht in die Höhle.
- [x] Der Löwe jammert.
- [x] Fußspuren führen hinein.
- [ ] Der Fuchs stellt sich krank.
- [ ] Der Löwe ist zu faul zum Jagen.
- [ ] Alle Tiere haben Angst.

3 Warum konnte der Löwe in dieser Geschichte den Fuchs nicht verspeisen? Streiche falsche Behauptungen.

- ~~Weil der Fuchs zu schnell ist.~~
- ~~Weil der Fuchs dem Löwen entwischt ist.~~
- Weil der Fuchs klüger ist, als der Löwe meint.
- Weil der Fuchs sich nicht überreden lässt.

4 Ordne diese Überschriften den Absätzen im Text zu. Verbinde richtig.

Absatz 1	Mitleidige Besucher
Absatz 2	Ein Löwe wird alt
Absatz 3	Der schlaue Fuchs
Absatz 4	Der Überredungsversuch

(Verbindungen: Absatz 1 – Ein Löwe wird alt; Absatz 2 – Mitleidige Besucher; Absatz 3 – Der Überredungsversuch; Absatz 4 – Der schlaue Fuchs)

Viel Erfolg im
neuen Schuljahr!

GRATIS: ELTERN-INFOABO
FÜR GUTE NOTEN IN DER SCHULE!

VERITAS

Gemeinsam besser lernen

VERITAS Verlags- und Handelsges.m.b.H. & Co. OG
Hafenstraße 2a · 4020 Linz · Tel.: +43.(0)732.77 64 51-2280
kundenberatung@veritas.at

www.veritas.at

Mit Ihrer Registrierung auf http://infoabo.veritas.at werden Sie regelmäßig über unsere **Sonderaktionen und Neuigkeiten** zum Thema „Gute Noten in der Schule" informiert.

Ihre Vorteile:

- **Aktuelle Informationen** zu Lernhilfen und Lernsoftware per E-Mail und Post erhalten
- **Nützliche Tipps** für Hausübungen, Schularbeiten, Schulrecht und Lernmanagement bekommen
- Persönliche Zusendung unseres Magazins für Lernhilfen und Lernsoftware **Eltern-Post** einmal pro Schuljahr
- Tolle Preise bei **Gewinnspielen**

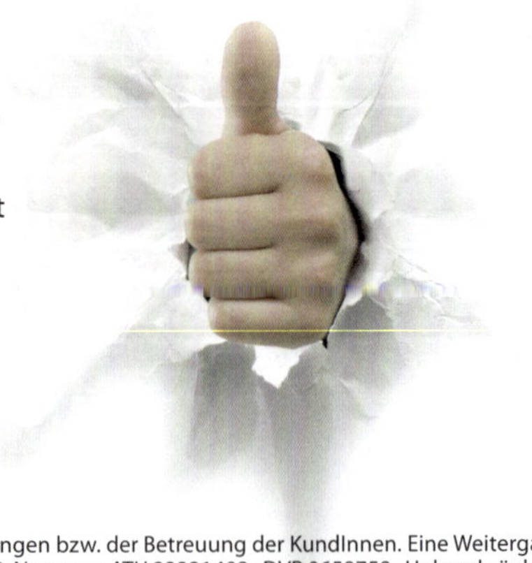

Gleich registrieren unter http://infoabo.veritas.at

1 **Zu welcher Tageszeit brach Familie Nashorn in den Urlaub auf?**

☐ morgens ☐ vormittags ☐ nachmittags ☐ abends

2 **Worum geht es in diesem Gedicht?**

Es geht darum, dass …

☐ … Menschen in Urlaub fahren.

☐ … Autofahren müde macht.

☐ … eine Familie zum ersten Mal das Meer sieht.

☐ … der Hund durch den Sand laufen durfte.

3 **Woran merkst du in der 6. Strophe, dass sich der Hund sehr freute?**

____

4 **Zu welcher Strophe passen diese Wörter?**

Gebirge	Strophe ____	Müdigkeit	Strophe ____
Freude	Strophe ____	Abfahrt	Strophe ____

5 **Wie viele Nashörner sitzen im Auto?** ____ Nashörner

6 **In jeder Strophe gibt es ein Reimpaar. Vervollständige.**

Meer	Schnee	gemacht	Mund

Urlaubsferienland	gesehn	klein

Wer hat den Dieb gesehen?

Marco langweilte sich.
Seine Mutter suchte nach einer Kette
in dem kleinen Schmuckgeschäft.
Eine Menge Leute befanden sich
dort. Der Bub beobachtete sie.

Er sah einer jungen Frau mit Brille und langem,
blondem, gelocktem Haar zu, die sich eine Silberkette
umhängte. Daneben stand ein Mädchen mit roten, glatten,
langen Haaren und einer Zahnspange, das sich
einen silbernen Ring an den Finger steckte.
Er bemerkte auch, wie ein junger Mann mit Brille und lockigem,
kurzem, dunklem Haar sich eine Goldkette nahm.
Außerdem fiel ihm auf, dass ein altes Ehepaar lange Zeit
eine Kette aus roten Edelsteinen genau betrachtete.
Die alte Frau trug einen lila Hut, unter dem ihre lockigen, grauen,
kurzen Haare hervorschauten.
Der alte Mann hatte eine Brille auf der Nase und eine Glatze.

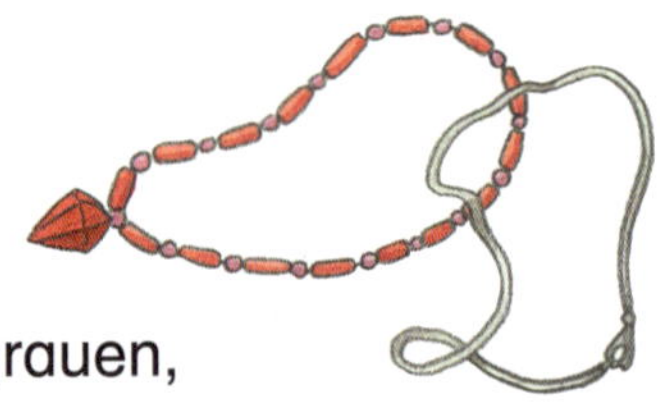

Im Auge behielt Marco schließlich einen Buben mit Brille,
kurzen, dunklen Haaren und Kappe. Er nahm einen goldenen Ring
aus dem Regal.
Dann entdeckte er seinen Freund Timo und ging zu ihm.
Er achtete nicht weiter darauf, was im Geschäft passierte.
Leute gingen ein und aus. Mutter hatte inzwischen eine hübsche Kette
gefunden. Eben wollte sie bezahlen, als der Verkäufer rief:
„Jemand hat die wertvolle Goldkette gestohlen. Wer war das?"
Zum Glück hatte Marco gut aufgepasst und konnte dem Verkäufer
mitteilen, wie die Person aussah, welche die wertvolle goldene Kette
mitgenommen hatte.

1 **Was hat der Dieb gestohlen?** Eine ______________________

2 **Wer sah sich was an? Verbinde Person und Schmuckstück.**

junge Frau	silberner Ring
Mädchen	Edelsteinkette
Bub	Goldkette
altes Ehepaar	Silberkette
junger Mann	goldener Ring

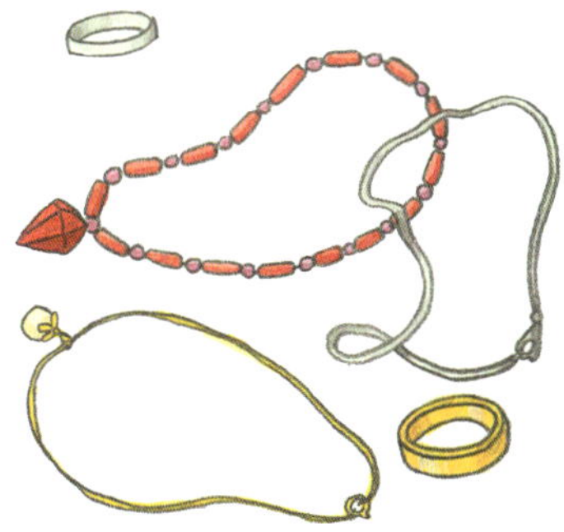

3 **Wie sah der Dieb aus? Zeichne sein Gesicht.**

4 **Welche Person kommt** nicht **in der Geschichte vor? Streiche sie durch.**

Klecksmonster

Liebe Sabine!

Ich wollte dir eigentlich schon vor langer Zei_ auf deinen Brief antworten. Leide_ war das aber schwierig.
Ich muss dir nämlich erzähl__, dass sich bei uns ein unheimliches Monster herumtreibt. Es möchte ni___, dass ich dir Brie__ schreibe. Deshalb tropft es dauernd Tinte auf dieses Blatt.

Sobald ich zu schr_____ anfange, tropft es über mein Bla__.
Deshalb sind jet__ lauter Kleckse auf meinem Br___.
Ich weiß nicht, warum es das ma___. Viell_____ mag es nicht, dass ich so viele Briefe ______be. Schreiben ist ja auch ganz schön __strengend! Viel leichter ist es, mitein___er zu ____fonieren. Deshalb werde ich ab heute k__ne Br___e mehr sch______. Ich ho___, du verstehst das!

Liebe Grüße und bis bald am Telefon!

Deine Tanja

Verbessere den Brief.

Jeder Tintenklecks verdeckt immer einen Buchstaben.

Liebe Sabine!

Ich wollte dir eigentlich schon vor langer Zei____ auf deinen Brief antworten. Leide____ war das aber schwierig. Ich muss dir nämlich erzähl____, dass sich bei uns ein unheimliches Monster herumtreibt. Es möchte ni____, dass ich dir Brie____ schreibe. Deshalb tropft es dauernd Tinte auf dieses Blatt.

Sobald ich zu schr____ anfange, tropft es über mein Bla____. Deshalb sind jet____ lauter Kleckse auf meinem Br____. Ich weiß nicht, warum es das ma____. Viell____ mag es nicht, dass ich so viele Briefe ____be. Schreiben ist ja auch ganz schön ____strengend! Viel leichter ist es, mitein____er zu ____fonieren. Deshalb werde ich ab heute k____ne Br____e mehr sch____. Ich ho____, du verstehst das!

Liebe Grüße und bis bald am Telefon!

Deine Tanja

Was ist das?

1

Ohne es gibt es kein Leben.
Kann es Wichtigeres geben?
Dieses Ding braucht man zum Putzen.
Auch sonst ist es von großem Nutzen.

2

Die Menschen nehmen es zum Mischen.
Wichtig ist es auch den Fischen.
Früher trieb es Mühlen an.
Heute treibt's manch Kraftwerk an.

3

Manchmal ist es unsichtbar,
am Nordpol ist es fest sogar.
Im Sommer kühlt es uns Getränke,
im Herbst, da macht es Schleierbänke.

4

Tauchen, Planschen und auch Segeln
würd es ohne es nicht geben.
Manchmal bildet's kleine Tropfen,
die dann an die Fenster klopfen.

5

Was kann dieses Ding nur sein?
Es höhlte schon so manchen Stein.
Zum Tragen muss man es verpacken.
Wer kann nun dieses Rätsel knacken?

Was ist die gesuchte Lösung? ____________________

Wie steigt man durch ein Blatt Papier?

Die einzelnen Schritte der Bastelanleitung sind durcheinandergeraten. Nummeriere in der richtigen Reihenfolge.

Probiere diesen Trick aus.

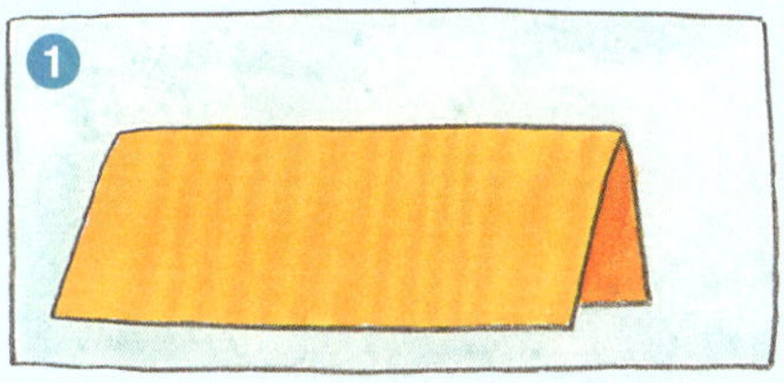

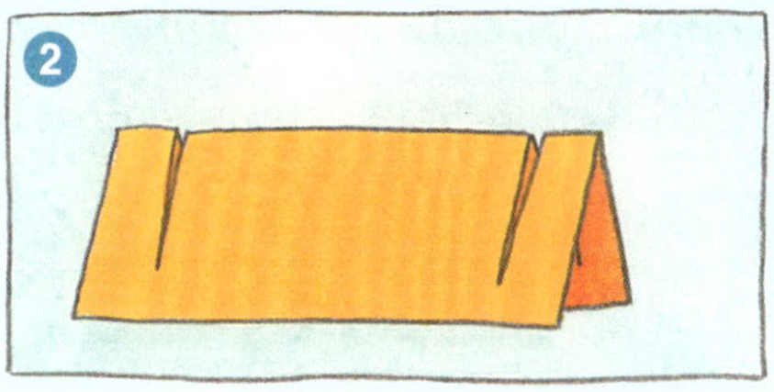

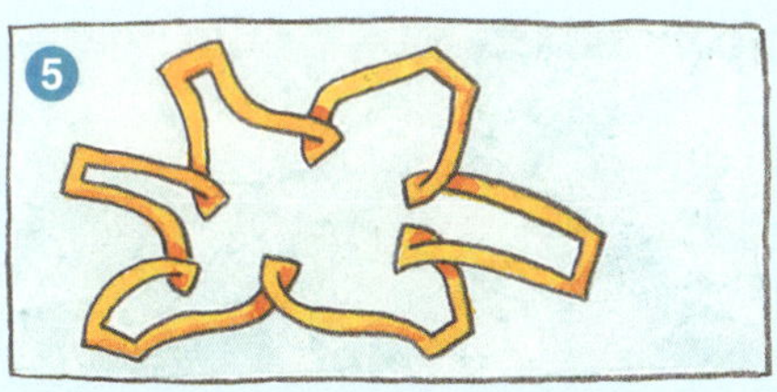

○ Schneide etwa einen Zentimeter von den Blatträndern entfernt an beiden Seiten von der Knickkante bis fast zur anderen Seite ein.

○ Schneide abwechselnd von unten und oben bis knapp vor das Blattende ein. Achtung! Nicht durchschneiden!

○ Falte das Blatt Papier der Länge nach.

○ Ziehe das zerschnittene Blatt vorsichtig auseinander.

○ Jetzt kannst du durch den entstandenen Papierring steigen.

○ Schneide nun die Knickkante zwischen den beiden Einschnitten auf.

Wunder gibt es nur einmal

Monika saß mit Mutter und Vater beim Abendessen.
„Stellt euch vor, wen ich heute gesehen habe“,
sagte die Mutter.
Vater und Monika sahen sich fragend an.
„Den alten Tom“, erzählte Mutter.

Tom war eigentlich ein netter Kerl. Aber er war vor einiger Zeit
aus der Stadt verschwunden, weil man ihm nachsagte,
er hätte eine Bank überfallen. Da hielt er es für besser,
einige Zeit die Stadt zu verlassen. Niemand rechnete damit,
dass er eines Tages wieder zurückkommen würde.
Monikas Mama meinte nun: „Als ich Tom sah,
hat mich echt der Blitz getroffen.“
Monika dachte sich: „Der Blitz hatte Mama getroffen?
Und da lebt sie noch? Das ist ja ein richtiges Wunder!“

Ein paar Tage später ging Monika von der Schule nach Hause.
Plötzlich stand Tom vor ihr. Monika erschrak fürchterlich.
Sie schloss die Augen und hob die Arme schützend vor ihr Gesicht.
„Aber Kind!“, lachte Tom, „Du brauchst doch keine Angst
vor mir zu haben!“
Vorsichtig blickte Monika zum Himmel. Sie war erstaunt.
Obwohl sie Tom getroffen hatte, schien immer noch die Sonne
und der Himmel war blau.

1 **Wovor hatte Monika Angst, als sie Tom traf? Kreuze an.**

- ☐ Sie hatte Angst, dass Tom einen Diebstahl begehen würde.
- ☐ Sie hatte Angst, dass sie der Blitz treffen würde.
- ☐ Sie hatte Angst, dass Tom ihr etwas antun würde.

2 **Was dachte sich Monika, nachdem die Mutter von ihrer Begegnung erzählt hatte? Unterstreiche im Text.**

3 **Was meinte die Mutter mit dem Ausspruch „Mich hat der Blitz getroffen“?**

- ☐ dass sie total überrascht war
- ☐ dass sie in ein Gewitter geraten war
- ☐ dass sie schreckliche Angst hatte

4 **Was sagte Tom zu Monika?**

____

____

5 **Wie war das Wetter, als Monika Tom traf? Male.**

Vorsicht – keine Schlange!

Viele Menschen haben Angst, wenn sie ein langes Tier am Boden kriechen sehen. Sie denken, es sei eine Schlange. Es gibt aber ein Lebewesen, das aussieht wie eine Schlange, jedoch keine ist. Es handelt sich um die Blindschleiche.

Shotshop.com/natur-foto

Bis zu einem halben Meter lang werden die Männchen. Etwas kürzer sind die Weibchen. Blindschleichen sind trotz ihres Namens nicht blind. Sie haben im Gegensatz zu Schlangen auch bewegliche Augenlider. Der Namensteil „blind“ stammt vom althochdeutschen „plint“. Das heißt „blenden“. Wenn die Blindschleiche in der Sonne liegt, glänzen nämlich ihre Schuppen silbrig-grau und können einen blenden.

Johann Burgstaller, Salzburg

Die Blindschleiche ist eine Echsenart. Zu den Echsen gehört zum Beispiel auch die Eidechse. Für gewöhnlich haben Echsen Beine. Diese hatte die Blindschleiche früher auch. Sie haben sich aber fast ganz zurückgebildet.

Die Blindschleiche hat den Igel, größere Vögel und Schlangen zum Feind. Doch sie hat einen Trick, um dem Tod zu entkommen: Wenn sie Feinde loswerden möchte, wirft sie ihren Schwanz ab. Dieser bewegt sich noch ein bisschen, sodass die Angreifer darauf Jagd machen. Die Blindschleiche macht sich inzwischen davon. Das abgeworfene Hinterteil wächst bei der Blindschleiche aber nicht nach. Leider töten viele Menschen die Blindschleiche aus Angst. Dabei ist das Tier absolut ungefährlich.

Ergänze den Text.

- Männliche Blindschleichen werden bis zu ____________________ Meter lang.
- Die Blindschleiche und die ____________________ gehören zu der Art der Echsen.
- Echsen haben für gewöhnlich ____________________, die Blindschleiche hatte diese früher auch.
- Die Augenlider der Blindschleiche sind ____________________.
- Die Feinde der Blindschleiche sind ____________________, ____________________ und ____________________.
- Trotz ihres Namens sind Blindschleichen nicht ____________________. Der Name Blindschleiche hängt mit dem althochdeutschen Begriff „____________________“ zusammen. Dieses Wort heißt ____________________. In der Sonne glänzen die ____________________ der Blindschleiche silbrig-grau.
- Die Blindschleiche kann ihre Feinde täuschen und ihnen entkommen, indem sie ihren ____________________ abwirft.

- Viele Menschen haben Angst vor der Blindschleiche, dabei ist sie absolut ____________________.

Verdrehter Tag

Lukas sprang aus dem Bett. Er fragte seine Mutter: „Was machen wir heute?“ Seine Mutter antwortete: „Das, was wir immer tun. Zuerst müssen wir die Zähne putzen, uns anziehen und frühstücken. Dann gehst du in die Schule und ich zur Arbeit. Schließlich essen wir zu Mittag. Anschließend machst du die Hausübung, danach spielst du. Später gibt es das Abendessen, du darfst noch ein bisschen fernsehen, putzt dir die Zähne, ziehst dich um und gehst ins Bett.“
„Wie langweilig“, sagte Lukas, „lass uns doch morgen einmal alles anders machen.“ „Also gut“, willigte seine Mutter ein.

Am nächsten Tag wachte Lukas auf und erledigte noch im Bett die Hausübung. Danach gab es das Mittagessen: Fleisch und Pommes um sieben Uhr am Morgen. Anschließend sah Lukas ein bisschen fern und spielte mit seinen Autos.

Der Lehrer rief an, wo er denn bleibe. Da sagte Lukas, dass er schon noch zur Schule gehen würde. Das tat er auch nach dem Abendessen um zwölf Uhr mittags. Als Lukas im Schlafanzug in die Schule ging, spazierten die anderen Kinder gerade nach Hause. So saß Lukas den ganzen Nachmittag allein im Klassenzimmer. Also putzte er sich dort erst mal die Zähne. Er putzte sich gleich zweimal die Zähne. Dann war er Lehrer und Schüler gleichzeitig, das war ganz schön schwierig.

Nachdem er um sechs Uhr am Abend wieder zu Hause war, frühstückte er. Schließlich zog er sich Unterwäsche, Hose, Pulli, Socken und Schuhe an und legte sich so ins Bett. Als die Mutter abends an sein Bett kam, meinte er: „Ich glaube, morgen machen wir wieder alles ganz normal. Das ist doch besser.“

1 **Was tut Lukas an einem „normalen“ Tag? Unterstreiche im Text.**

2 **Was macht Lukas an dem „verdrehten“ Tag? Nummeriere in der richtigen Reihenfolge.**

_______ Zähne putzen

_______ umziehen

_______ frühstücken

_______ in die Schule gehen

_______ zu Mittag essen

_______ Hausübung machen

_______ spielen

_______ zu Abend essen

_______ fernsehen

_______ ins Bett gehen

3 **Was möchte Lukas am Ende des verdrehten Tages? Kreuze die richtige Antwort an.**

☐ Er möchte noch einmal einen verdrehten Tag erleben.

☐ Er hält den normalen Tagesablauf für besser.

4 **Wie ist die Mutter von Lukas? Kreuze an.**

☐ faul ☐ verständnisvoll ☐ streng

Haustiere

In der Klasse 2a sprechen die Kinder über Haustiere.
Drei Buben und zwei Mädchen halten je einen Hund.
Sofia, Mehmet und Elias haben jeweils einen Hamster.
Fünf weitere Kinder haben je eine Katze.
Vier Kinder halten jeweils zwei Vögel als Haustiere.
Von den Zwillingen Lena und Hanna besitzt jede einen Hasen.
Drei Kinder besitzen zusammen sechs Meerschweinchen.
Nur zwei Kinder haben kein Haustier.

1 **Wie viele Kinder haben ein Haustier?** ______ Kinder

2 **Wie viele Kinder haben kein Haustier?** ______ Kinder

3 **Wie viele Kinder haben einen Hund?** ______ Kinder

4 **Wie viele Kinder haben einen Hasen?** ______ Kinder

5 **Wie viele Vögel gibt es in der Klasse?** ______ Vögel

6 **Wie viele Kinder sind in der Klasse 2a?** ______ Kinder

7 **Zeichne ein Schaubild.**

Haustiere der Klasse 2a

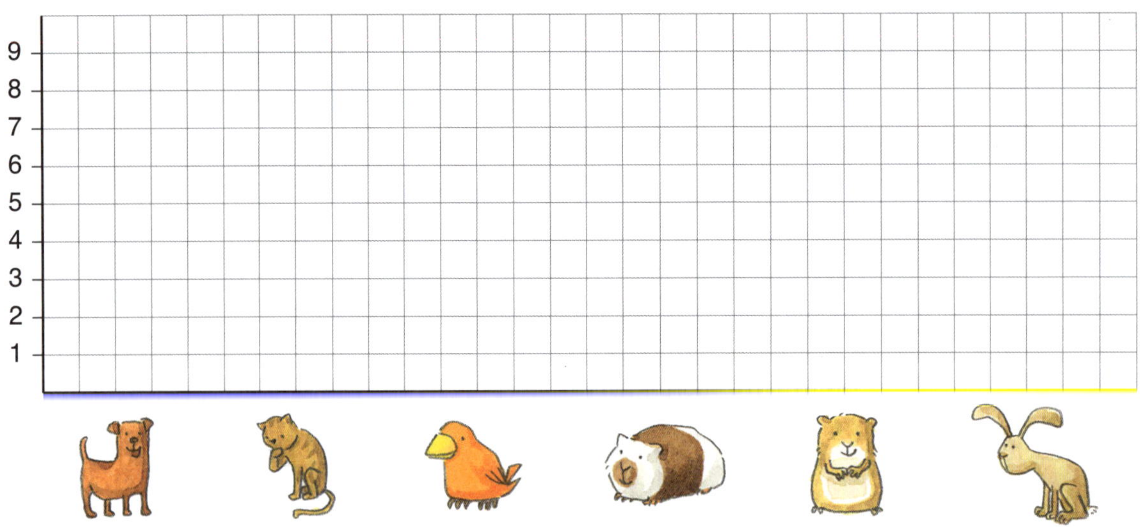

Lies die Geschichte und male die Steine richtig ins Bild.

Ilja hat einen Turm aus Legosteinen gebaut. Er hat fünf weiße, vier gelbe, sechs rote, fünf blaue, vier schwarze und acht grüne Steine verbaut. „Fertig!“, ruft er voller Freude. In diesem Moment stürmt Hund Fridolin herein und purzelt mitten in den Turm. Die Steine fliegen in alle Himmelsrichtungen. Ein weißer und ein roter Stein segeln auf den Fernseher. Zwei gelbe Steine knallen auf das Fensterbrett. Zwei blaue und zwei schwarze Steine landen in der Obstschale. Vier grüne Steine plumpsen daneben auf den Wohnzimmertisch. Die restlichen Steine liegen auf dem Teppich verteilt.

Iljas Turm bestand aus ______ Steinen. Jetzt liegen ______ weiße, ______ gelbe, ______ rote, ______ blaue, ______ schwarze und ______ grüne Steine auf dem Teppich.

Die Höhle des Löwen

1 Es war einmal ein alter Löwe. Er war zu schwach, um noch erfolgreich auf die Jagd zu gehen. Deshalb suchte er sich eine Höhle. Dort legte er sich hinein und jammerte: „Ich kann nicht mehr richtig jagen, nicht einmal mehr brüllen kann ich! Ich bin ja so schwach!"

2 Den anderen Tieren tat der König der Tiere sehr leid. Eines nach dem anderen kam, um den Löwen zu besuchen. Manche erschienen aus Mitleid, andere waren einfach neugierig und einige sogar eher schadenfroh. Sie wollten dem Alten beim Sterben zuschauen.
Aber kaum hatte ein Tier die Höhle betreten, schnappte es sich der betagte Löwe und verspeiste eines nach dem anderen. Ihm ging es nun besser als je zuvor.

3 Eines Tages kam der Fuchs zu Besuch. Er blieb vor der Höhle stehen. Der Löwe jammerte. „Komm doch herein. Ich bin zu schwach, um dir entgegenzugehen. Erzähle mir eine Geschichte zur Ablenkung, mit mir geht es zu Ende!"

4 Der Fuchs aber erwiderte: „Ich bleibe lieber hier draußen und warte, bis dich deine anderen Besucher verlassen haben. Denn ich sehe zwar eine Menge Tierspuren in deine Höhle hineinführen, aber keine einzige kommt wieder heraus."

(nach Äsop)

1 **Wie wird der Löwe in der Fabel noch genannt?**

____

2 **Kreuze richtige Behauptungen an.**

- ☐ Der Löwe ist stark und kräftig.
- ☐ Der Fuchs wartet vor der Höhle.
- ☐ Auch der Fuchs geht in die Höhle.
- ☐ Fußspuren führen hinein.
- ☐ Der Löwe ist zu faul zum Jagen.
- ☐ Viele Tiere gehen in die Höhle.
- ☐ Fußspuren führen hinaus.
- ☐ Der Löwe jammert.
- ☐ Der Fuchs stellt sich krank.
- ☐ Alle Tiere haben Angst.

3 **Warum konnte der Löwe in dieser Geschichte den Fuchs nicht verspeisen? Streiche falsche Behauptungen.**

- Weil der Fuchs zu schnell ist.
- Weil der Fuchs dem Löwen entwischt ist.
- Weil der Fuchs klüger ist, als der Löwe meint.
- Weil der Fuchs sich nicht überreden lässt.

4 **Ordne diese Überschriften den Absätzen im Text zu. Verbinde richtig.**

Absatz 1	Mitleidige Besucher
Absatz 2	Ein Löwe wird alt
Absatz 3	Der schlaue Fuchs
Absatz 4	Der Überredungsversuch

Textarten-Überblick

Diese Seiten geben einen Überblick, welche Textarten in diesem Ferienheft vorkommen und welche Aufgabenstellungen damit verbunden sind.

Gebrauchstexte

Sachtexte

Erzähltexte

Spaß mit Worten

Samara denkt sich gerne lustige Spiele aus. Eines Abends darf ihre Freundin Laura bei ihr übernachten. Als die beiden im Bett liegen, meint Samara: „Das ist keine Bettdecke, das ist eine Pfanne!“

Laura macht kichernd mit: „Und das da an der Zimmerdecke ist keine Lampe, sondern eine Sauna.“

Die beiden Freundinnen erfinden weiter: „Die Bücher im Regal sind in Wirklichkeit Salatblätter.“

„Und Brot heißt eigentlich Teppich.“

„Und Käse bedeutet Spülmittel und die Küche ist eigentlich die Geisterbahn.“

„Herr Müller von nebenan heißt eigentlich Vogelscheuche“, spinnt Laura weiter.

Da meint Samara plötzlich: „Von dem ganzen Herumblödeln habe ich richtig Hunger bekommen. Komm lass uns in die Geisterbahn gehen und noch Teppich mit Spülmittel essen.“

Ihre Freundin erwidert: „Einverstanden. Und anschließend schlüpfen wir wieder unter unsere Pfannen und lesen noch ein bisschen in den Salatblättern. Und du musst am Schluss die Sauna ausmachen!“

Was meinen die Mädchen wirklich?

Lösung:
Komm lass uns in die Küche gehen und noch Brot mit Käse essen.
Und anschließend schlüpfen wir wieder unter unsere Bettdecken und lesen noch ein bisschen in den Büchern. Und du musst am Schluss die Lampe ausmachen!

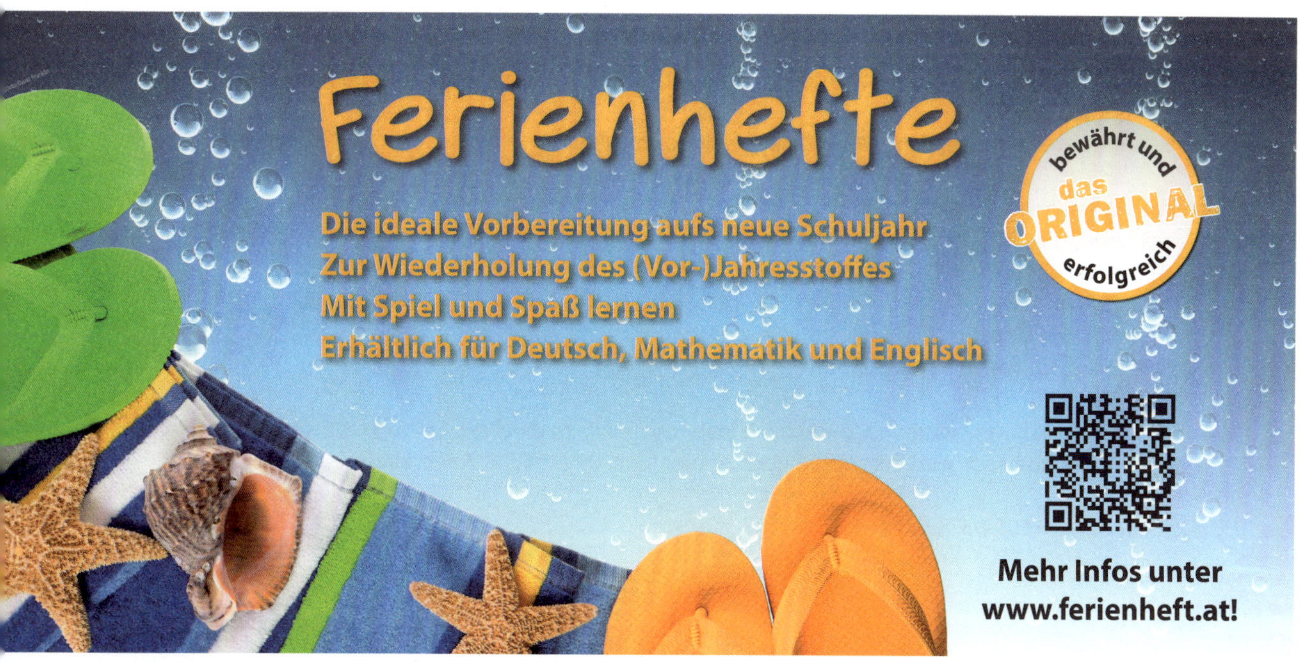
Ferienhefte
Die ideale Vorbereitung aufs neue Schuljahr
Zur Wiederholung des (Vor-)Jahresstoffes
Mit Spiel und Spaß lernen
Erhältlich für Deutsch, Mathematik und Englisch
bewährt und
das ORIGINAL
erfolgreich
Mehr Infos unter
www.ferienheft.at!

Für weitere Informationen steht Ihnen gerne Ihre VERITAS-Kundenberatung zur Verfügung.
Rufen Sie einfach an, schicken Sie ein Fax oder ein E-Mail!
Tel. 0043/(0)732/776451/2280, Fax: 0043/(0)732/776451/2239
E-Mail: kundenberatung@veritas.at
Besuchen Sie uns auf unserer Website www.veritas.at

Originaltitel: Deutsch-Stars 2 Lesetraining
Erarbeitet von: Cornelia Scholtes, Ursula von Kuester, Annette Webersberger

5. Auflage (2022) entspricht der Rechtschreibreform 2006.

Auf umweltfreundlichem Papier gedruckt bei: siehe https://produkt.veritas.at/35177#additional
Lektorat: Antje Bauditz, Kerstin Kauffold
Bildredaktion: Alexandra Rittberger
Herstellung, Umschlaggestaltung und Layout: Andrea Hackl, Alice Wüst, Julia Bamberger
Illustrationen: Sandra Reckers, Münster; Detlef Seidensticker, München
Umschlagfoto: ms.foto.group/Linz
Satz: MOOI Design

ISBN 978-3-7101-0378-0

Puzzle